1987 年社庆 30 周年、宝文堂建立 125 周年

2012 年新春茶话会

中国戏剧出版社大钟寺社址留影（20 世纪 90 年代）

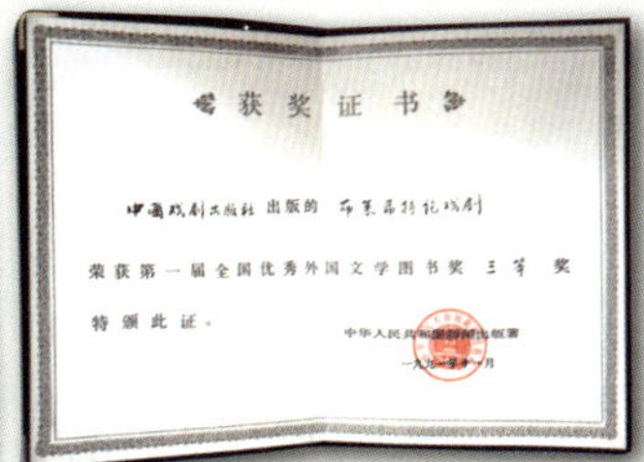

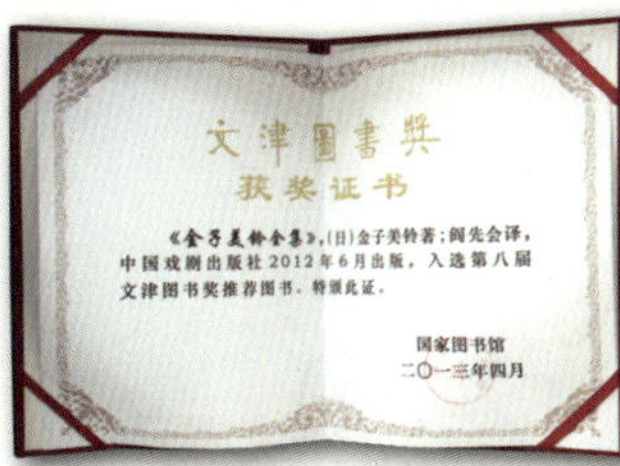

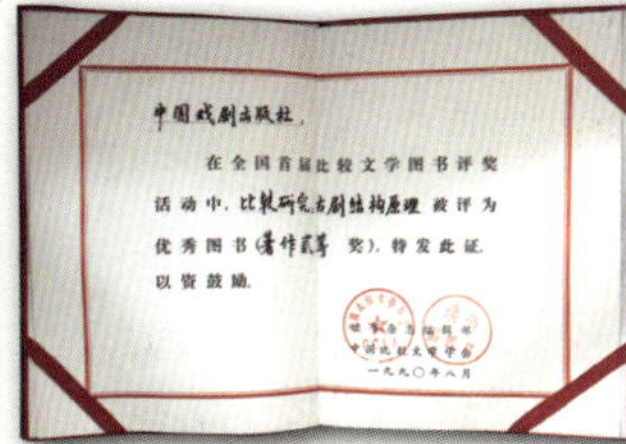

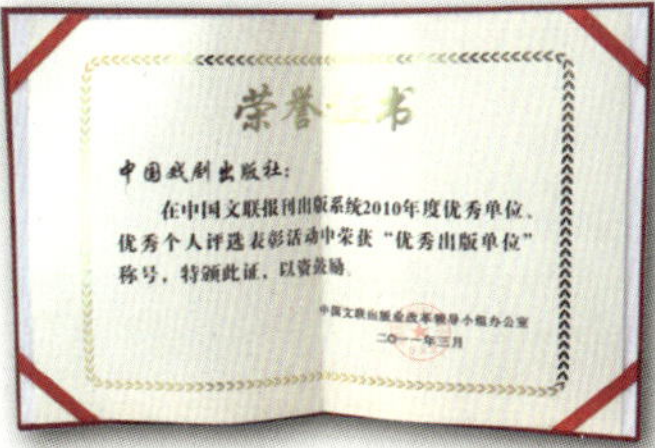

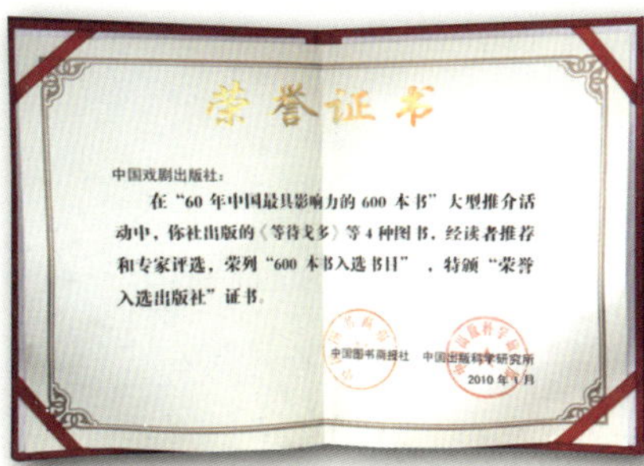

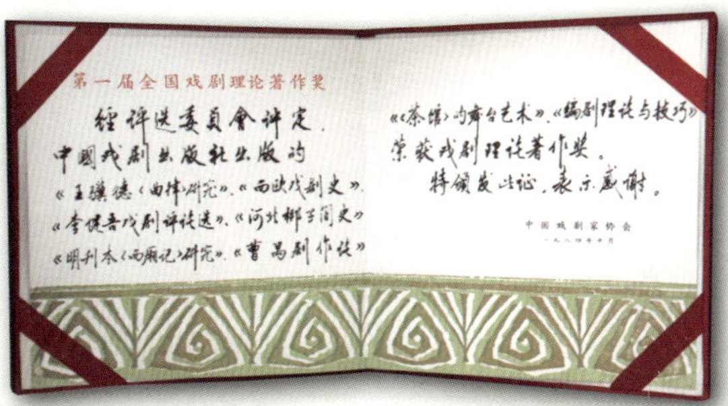

建社以来获得的部分国家级、省部级奖励

2010 年与北京人民艺术剧院联合举办《曹禺》出版座谈会

2015 年出版社举行的新书发布会

2016 年出版的国家重点出版规划项目“中国戏曲艺术大系”（70 种）

各类戏剧专家到社指导编辑工作

2016 年 8 月国家出版基金重大项目通过国家验收，并获得最高优级分

2016 年 10 月我社举办的《梅兰芳全集》新书发布会

2017 年建社 60 周年田汉雕像落成仪式

社庆前夕，社领导分别上门看望郭汉城、刘厚生、杜高、李湜、曲六乙、杨景辉等老领导

出版社工会组织的各类活动

中国戏剧出版社　大钟寺社址

中国戏剧出版社　东四八条社址

中国戏剧出版社　紫竹院路社址（自有）

中国戏剧出版社　天宁寺社址

弦歌不辍

中国戏剧出版社60年

中国戏剧出版社　编

中国戏剧出版社
CHINA THEATRE PRESS

图书在版编目（CIP）数据

弦歌不辍 ： 中国戏剧出版社60年 / 中国戏剧出版社编. — 北京 ： 中国戏剧出版社, 2017.12
ISBN 978-7-104-04529-8

Ⅰ. ①弦… Ⅱ. ①中… Ⅲ. ①出版社－北京－纪念文集 Ⅳ. ①G239.22-53

中国版本图书馆CIP数据核字(2017)第143606号

弦歌不辍 ： 中国戏剧出版社60年

责任编辑： 王松林
项目统筹： 杨晨叶
责任印制： 冯志强

出版发行： 中国戏剧出版社
出 版 人： 樊国宾
社　　址： 北京市西城区天宁寺前街2号国家音乐产业基地L座
邮　　编： 100055
网　　址： www.theatrebook.cn
电　　话： 010-63385980（总编室）
传　　真： 010-63383910（发行部）

读者服务： 010-63381560
邮购地址： 北京市西城区天宁寺前街2号国家音乐产业基地L座

印　　刷： 北京鑫瑞兴印刷有限公司
开　　本： 787mm×1092mm　1/16
印　　张： 11.25
字　　数： 150千字
版　　次： 2017年12月　北京第1版第1次印刷
书　　号： ISBN 978-7-104-04529-8
定　　价： 60.00元

中国戏剧出版社简介

中国戏剧出版社成立于1957年1月1日，是中国唯一的戏剧专业出版社。首任社长为《中华人民共和国国歌》的词作者、著名剧作家田汉先生。出版社原副牌“宝文堂书店”创建于1862年（清同治元年），是我国历史上最悠久的出版机构。

目前中国戏剧出版社有戏剧理论、戏剧教材、剧本库、艺术教育、音乐文化、艺术家传记馆、人文社科馆等精品图书板块，同时还主办着行业内有深度影响的专业杂志《戏剧与影视评论》（双月刊）。

中国戏剧出版社每年都推出大量文化艺术类经典著作，以卓越优异的专业品质享誉海内外，目前已经成为中国最重要的专业文艺出版机构之一。

建社六十年来，中国戏剧出版社出书一万余种。其中《中国京剧史》《中国戏曲通史》《中国古戏台研究与保护》等书先后获得“国家图书奖”、“中国图书奖”和“中华优秀出版物奖”等国家级奖项；四种图书入选“60年中国最具影响的600本书”；《梅兰芳全集》《世界戏剧新经典译丛》《中国戏曲艺术大系》等十大项目先后入选国家“十二五”“十三五”重点出版规划；《戏剧导演本科教程》等书入选首批普通高等教育本科国家级规划教材。

代 序

在田汉雕像落成仪式上的发言

樊国宾[①]

48 年前的今天，我们的老社长油尽灯枯，即将走到他生命的尽头。

我们选择这个日子是意味深长的，一个人有了名位，识见修为却未到，此即少林寺扫地僧所谓的“武学障”与“知见障”。

他绝不是，无论在中国剧协主席，还是中国戏剧出版社社长位置上，他都是这个行业的泰山北斗。

我们塑他的像，其实是要为自己塑一个心灵盟誓。

在这个特殊的日子，我想起了他说过的三句话：

在话剧《晚会》结尾的时候，借助主人公陶丽之口，他说：“假使我明天就得死，我也绝不悲观，我也要把最后、最好的力量用在最有益的地方！”

1968 年即将被迫害致死时，他说“艺术家不妨生得丑，但不可以死得不美！”

还有就是“起来，不愿做奴隶的人们，把我们的血肉，筑成我们新的

① 樊国宾：中国唱片集团总经理，中国戏剧出版社社长。

长城！”

我愿意把这三句话概括为三种精神：不畏困难的乐观精神！不激不随的风骨精神！志存高远的家国精神！

此即田汉精神，也是中国戏剧出版社未来要永远秉持的精神。

目 录

中国戏剧出版社社庆寄语

郭汉城[①]

中国戏剧出版社自创立以来，一直服务于戏剧、戏曲研究者、爱好者，出版了很多影响很大的图书，为社会做了很大的贡献，这个事情做的有意义、有价值，往大了说，这是在为民族文化乃至是世界文化的传承在做事情。不要小看你们现在所做的事情，这是非常可贵的！

今天，我们面临中华民族伟大复兴的好时候，复兴、振兴包括很多方面，历史、文化尤其重要。我们国家的文化血脉不曾断过，就是因为传承做得好。我们国家戏曲历史悠久，经过那么多代人的积累形成了独具中国韵味的艺术样式，这是我们中华民族呈现给世界的精彩，我们应该骄傲。

当然，中国戏曲的传承与发展也面临很多困难，这就更需要中国戏剧出版社这样的文化机构顶上去，肩负起历史使命。一个人，一个出版人，总该做些对社会有意义的事情。

祝中国戏剧出版社越办越好。

（根据采访录音整理）

① 郭汉城（1917—）：著名戏剧理论家，原中国戏剧家协会副主席，文化部艺术研究院副院长。

我心中的中国戏剧出版社

刘厚生[①]

中国戏剧出版社于1957年1月1日开张大吉。现在2016年即将过去，出版社马上就到了60岁华诞整寿的花甲喜日，当然应该大大庆贺！

60年前，出版社是中国戏剧家协会为适应中国社会主义戏剧事业发展的需要而创立的。戏剧界有专业的出版社，在中国历史上是空前创举，一出世就引起广泛的重视。中国剧协把他当作自己最疼爱的孩子，首任主席田汉老前辈也像青年人那样兴奋喜悦，亲自担任了首任社长。但几年后他工作忙，兼顾不过来，就请了也是戏剧前辈的理论家葛一虹继任社长，他原就是有经验的戏剧出版家。田葛二老还有孟超前辈等人，为出版社打下了坚实的基础，戏剧书刊的出版日渐增多。但是随着形势发展，"运动"不断，出版社的道路也难免有所起伏曲折。严重时甚至连归属建制都从中国剧协转了出去，并入别的出版机构。只是由于出版社（有一段时间成为一个编辑室）几代同仁的努力坚持，即使生态环境多变，对戏剧的红心始终坚持，戏剧的书刊继续出版，戏剧出版社终归是中国戏剧工作者经常关怀的知识资源。

① 刘厚生（1921—）：著名戏剧理论家、活动家，原中国戏剧家协会秘书长、书记处书记、副主席，1980年任中国戏剧出版社社长。

我跟出版社的关系说近又远，说远也近，是一条几次大拐弯的曲线。20世纪50年代创办时，我还在上海工作，只是听说中国剧协办了一个出版社。当时自是振奋，为中国骄傲，为中国戏剧欢呼，然而没有多少接触，只是知道剧协的刊物《戏剧报》《剧本》月刊由出版社出版，每月拜读而已。地理上和心理上都是遥远的。到1964我调到中国剧协，由远在天边一下子近到眼前，当然高兴。可是没有几天就来了“文化大革命”，黑暗十年，可说是名近实远，都在北京，却什么都不知道了。一直到1980年代初我重返剧协，才又由远而近，走上正轨。有一段时间，我兼任了社里的负责工作，虽时间不长，但终是进入了核心，不是相近而是相合一体了，这也就自然的建立了亲密的感情。这种感情至今不断，即使离休下岗，也再没有淡忘，只是接触少了。前几年忽然听说，出版社又从中国剧协剥离出去，奉命改嫁，我虽扼腕长叹，但想不通也得通，承认事实。只是后来听说日子过得还不错，业务也有进展，那也就听天由命罢。

由于对出版社的关心，我拿到新出的一本《2016出版目录》，先后翻看了十几遍。真是越看越喜欢，但也还有不满足。我原想过，出版社应编一本60年总目，最少是选目，但想到工程量大太难办。这一本说是“2016目录”，但包括一些前些年出的书，数量不多，但联系过去的一些记忆，还是可以看出一些情况和问题的。我想首先应当肯定，戏剧出版社确实为中国戏剧事业的普及、提高和发展作出了卓越贡献。比如早期《中国戏曲通史》《中国戏曲通论》《田汉全集》《欧阳予倩全集》等专业基本书籍都是水平很高的必出之书。更引我注意的是近年新书，比如已出70种的“中国戏曲艺术大系”的设想和构成，其涵盖之广，搜罗之细，编辑之精，显然只有戏剧出版社才能如此大手笔下决心，也是中国戏曲建设之所必需。像南京大学董健教授主编的《中国现代戏剧总目提要》和《中国当代戏剧总目提要》两大厚本都是几百万字的工具大书，都是非南京大学不能编，非戏剧出版社不能出，而又肯定不是畅销的书。还有一部我必须提到的，是新近全部影印的《清昇平署戏曲人物扮相谱》。这绝对是一部冷书，现在的使用价值也不高。然而又绝对是珍贵的“内府秘籍”。如果碰上有缘的研究家，必会视如珍宝。也绝对只有戏剧出版社有气魄影印出版。

读《2016 图书目录》，我会很容易就感觉到，戏剧出版社当前在经济上想必还是相当艰辛的。多年前在陈默、王正和和我主持工作的时期，就因专业书籍赚不了钱，只能也出些畅销的金庸的武侠小说或者连环画小人书等来以丰补歉。现在这本目录上，也有一些《慈禧演义》《袁世凯演义》等旧小说。这些东西，只要严格地审定，没有庸俗低级内容，还是可以理解的。过去我们也谈过，剧作家什么说都可以看，这些旧说部，有时对写剧本还是会有意想不到的帮助的。

反复翻看“目录”，我还产生一个感受：出版社 60 年来编印了几千本专业戏剧书籍，功劳巨大，影响深远，但中华大国，戏剧历史悠久，方面广阔，从出书角度说，永无止境，放眼世界，古今列国戏剧如林如海，更是大有可为。一看目录，我立即想到，20 世纪 50 年代，正是我们弘扬民族传统戏曲之时，各方面竞出戏曲典籍。比如先由郑振铎先生后由吴晓玲先生主编的《古本戏曲丛刊》，每集一百种，已出了五六集；比如《六十种曲》，比如《缀白裘》等等，并非都由我社出版。这一品类的书已出版了五六十年，当时印数不多，现在我们又遇上重视民族传统文化的大好时机，这类典籍，对戏剧出版社来说，完全应该重印出版，而且今后每隔若干年都可复印。我还想到，葛一虹主政时曾编印过一套大约名为“世界戏剧理论译丛”的丛刊，现在也都可以续编。还有，如《古希腊戏剧全集》《莎士比亚全集》《易卜生全集》等都是基础剧书，都是可以复译复印的。我还设想，鼓励青年人多读书，读好书，出版社应为戏剧青年乃至一般青年编印一二套必读戏剧书，比如一年一套，每套五至十本，廉价出售。至于当今的戏剧学者，作家艺术家以至青年新秀的创作或论著，出版社一向都是关心爱护，不用多说。

最后，我对出版社还要提个建议：一定要加强戏剧书刊的评价工作。本社的书当然要写，兄弟友社的戏剧书籍也同样可写。现在只管闷头编书印书，却忽略了宣传评价。我是常注意书评的，却很少见到戏剧方面的书。其实，一方面欢迎外人评价，一方面自己也可以写，更应该写。实际上，编辑家当然就是评论家，乃至专家。像“戏曲艺术大系”这样的全套大书的设想和意义，都是必须广泛宣传的。

出版社 60 年，一甲子，确实不短，而且由于国家社会的兴旺进步和全体从业者的勤奋努力，显然越到现在办得越好。一个人工作到 60 岁，理应光荣退休，一个出版社 60 年，我的庆贺只能看作是 6 年，是六年级小学生毕业，成绩优秀，保升中学！我衷心热诚地祝愿中国戏剧出版社脚踏实地，一步一个脚印，高高兴兴地进入第二个 60 年！

附：回顾与前瞻①

刘厚生

我们中国戏剧出版社（包括宝文堂书店）是中国唯一的一家专门出版戏剧书籍的出版社。外国情况不太清楚，但不少外国戏剧界的朋友都非常艳羡地说，他们虽然出版社多如牛毛，但没有这样的

① 系建社 30 年（1987 年）社庆所作。

专业出版社。这个出版社的成立和发展，的确显示了党和国家对于戏剧出版事业的高度重视。

中国是一个戏剧大国，从出现戏剧胚胎的春秋战国秦汉算起，已有两千多年的历史。从戏剧初步成熟的宋金算起也已近九百年。话剧等新的戏剧样式从国外引进，也将近一个世纪。我们有三百多个剧种，两千多个剧团，古往今来，有成千上万的大剧作家、大演员、大舞台艺术家、大评论家。我们面对世界戏剧宝库，从古希腊悲剧、喜剧到现代的荒诞剧，更有浩如烟海的作品、演出、人物、文物、理论、经验以至轶闻故事等，把古今中外像夏夜繁星那样数不尽的戏剧宝藏转化为书籍、图片和音像资料，我们该有多少书要出，多少事要做啊。戏剧出版社的责任是重大的。

今年是戏剧出版社三十而立之年。虽然当中有十年是在劫难逃，有几年是附庸大社，实际出书不过十数年，但历年全体同志，矻矻孜孜，也真是编出不少好书。我们出版社的创立人和首任社长是戏剧界望如北斗的田汉同志，副社长是孟超同志、葛一虹同志。一虹同志在“四人帮”被粉碎后恢复出版社建制时，又在百废待兴的环境中担任了一个时期的社长。正是几位前辈辛勤创业，出版社才打下了坚实的基础。到现在，出版社（包括宝文堂书店）尽管人力、资金两不足，也已出了三千零三十四种书；大量戏剧年画、连环画等还不计在内。出版社的同志们劳力没有白费，是为戏剧界和广大戏剧爱好者尽了自己的绵薄之力。看看书架上那一排排轻重厚薄不同的戏剧书刊，显示着戏剧文化的积累，反映了精神文明的一个侧面，也确实由衷感到做编辑出版工作的喜悦。哪一座大厦的建成离得开搬砖运瓦、砌墙开窗的工人呢？

但是当我提笔写这一篇小序时，更多的却是心中的愧疚。

一九八〇年出版社恢复以来，在改革、搞活、开放的大好形势中，戏剧工作者和广大读者对我们的要求更高了，而我们做得却远远不够。许多应该出的书还没有出，许多应该快出的书拖了两三年出不来；许多书印数太少，出书后戏剧界还不知道就杳如黄鹤；也还出了一些可出可不出的书。已出的书里，有的在内容、装帧、校对、印制上问题较多，令人汗颜，对不起作者和读者。不论有什么理由、原因，书脊上印的终是“中国戏剧出版社”，我们不能辞其咎。

三十年弹指过去，我们又走上新的征途。我们相信出版社的前途光明，正如我们毫不怀疑地相信中国社会主义戏剧事业前途光明一样。然而任重而道远，我们以诚挚的心意企盼着戏剧界的同行、出版界的同志以及中国外国的读者对我们的督促、鞭策和给予我们慷慨的支持。

中国戏剧出版社六十华诞感言

董 健[1]

我今年81岁，眼疾近盲，退休十年，久不写作了。但遇上中国戏剧出版社的六十华诞，我还是禁不住要来写上几句话，因为我对这家我国唯一的戏剧出版社，是颇有些感情的。

我与中国戏剧出版社结缘很早，大学时代（1957—1962）就读它出版的书，有戏剧作品，也有戏剧理论。在我一生购置的书籍中，也有许多是由中国戏剧出版社出版的。它的首任社长田汉先生，是我所敬重的戏剧家，我们都尊他为“中国的戏剧魂，现代的关汉卿”。我专门写过一本六十多万字的《田汉传》，此书颇得学界好评，本来也是要交戏剧出版社出版的，但因此书系一个现代文学系列丛书中的一部，不能破例，只得交北京十月文艺出版。

我与中国戏剧出版社结缘的第二点更加重要，那就是我不仅是它的忠实读者，而且是它的忠实作者。我的不少著作都是交由它出版的。每想到这一点，我总有一种亲切感和一种由衷的感激之情。在我的学术成长的道路上，它是一个很大的推力和助力。“文革”结束后，我回到大学的教学岗位上。我所从

① 董健：著名戏剧理论家，原南京大学副校长、教授，中国话剧研究会副会长，戏剧戏曲学博士生导师。

事的是中国现当代文学和戏剧的教学和研究。1978 年，著名剧作家陈白尘被匡亚明老校长聘到南京大学任中文系主任、教授。陈老立即恢复了被“文革”冲掉的戏剧研究室，自任主任，叫我当副主任。我中断了的戏剧研究又开始了。我对陈老说：“我是陈中凡的研究生，一直搞古典戏曲，让我回到古典去吧。”陈老说：“不。我们这个研究室，搞古典的力量很强（当时有陈中凡、钱南扬、吴白匋，还有吴新雷等），而搞现代的人很少，请你助我一臂之力，把中国现代戏剧的教学和研究搞起来。”恰在这时，中国戏剧出版社的编辑季定洲同志来南京大学约稿，叫我写一本论陈白尘的专著。我想通过个案，研究中国现代戏剧之全貌。于是花三年之功，完成了二十多万字的《陈白尘创作历程论》。在写作过程中，我与季定洲同志经常联系，交流观点，看法一致，互相默契，感到写作是一件非常愉快的事。1983 年是田汉诞生 85 周年，逝世 15 周年纪念，北京有一个高层的纪念会，我与陈白尘都参加了这个会，我的《陈白尘创作历程论》也在这个会上与出版社最后敲定。中国戏剧出版社于 1985 年正式出版了这部专著。这是我学术生涯中第一部专著，不仅责任编辑季定洲同志与我合作甚洽，而且这本书的最终审稿人杜高同志，随后也成了我的好友。其时关心和支持此书出版的，还有出版社的杨景辉同志。这样，我与中国戏剧出版社交上了朋友。这本书得到了江苏省和全国的几个奖项。当时苏联莫斯科大学的尼科尔斯卡雅还专门撰写了长文，发表在《远东问题》杂志上，热情地向苏联学界推荐此书。

我与戏剧出版社的这种密切关系，一发而不可收，一直延续到 2013 年《中国当代戏剧总目提要》与《中国现代戏剧总目提要》这两部大型学术工具书的出版。在这期间，我个人编的《陈白尘论剧》、我与陈白尘主编的《中国现代戏剧史稿》、我与胡星亮主编的《中国当代戏剧史稿》等书，也都是由中国戏剧出版社推出的。出版社的方育德同志是这些书的责任编辑，他也成了我的好朋友。他认真负责、细致入微的工作作风，给我极为深刻的印象。

在与出版社合作的过程中，固然有许多技术性的细节不可忽视，但最最重要的是学术思想上的相通与精神上的互相尊重与支持。出版业是现代文明的重要部门。人类文明的许多重要成果，如果没有出版业的支持，就有可能丧失在某个特殊时期。有一种出版社的面孔是我所讨厌的，他们视作者为奴才。但我在与中国戏剧出版社的合作中，都觉得他们是平等的朋友，因此感到愉快。我举一个例子。前面提到的《中国现代戏剧史稿》一书，是我与陈白尘主编，由十几位同事集体完成的一部专著。这是一项国家重点项目，1984年在苏州召开写作大纲与部分重点章节初稿的研讨会。陈白尘出面邀请了一些前辈学者和资深专家与会指导。记得当时到会的有夏衍、于伶、葛一虹、赵铭彝、柯灵、石凌鹤等。当时，在本书的指导思想问题上，我们遇到了一个巨大的困难。那时主持意识形态工作的胡乔木正在大批周扬同志的"异化"论。学术界、教育界、文艺界都被卷入了"批判资产阶级自由化""清除精神污染"的不叫做运动的运动。马克思主义的人道主义，人性、民主、自由等思想，都要再次受到严厉批判。大学的教学与研究工作，被相关领导要求贯彻这些精神。而我们的《中国现代戏剧史稿》的写作大纲与部分重要章节的初稿，贯穿的主线是中国戏剧的现代化问题，是中国现代文化启蒙主义思潮下的民主、自由、人权、法制这样的人道主义的文化价值。怎么办？各位老专家以自己亲身经历的历史事实，支持我们编写组的指导思想。夏衍更是亲自找我和陈白尘深谈，认为周扬的"异化"论基本正确，批判他是不对的，鼓励我们坚持原来的指导思想不要动摇。等到全书完稿，交出版社时，我和陈白尘心中还是充满疑虑：如果戏剧出版社有人坚持批"异化"观点，叫我们修改此书怎么办？这时，人民文学出版社想出我们的书，我想人民文学出版社"来头大"一些，或可顶一顶，我想交"人民"。但戏剧出版社同志十分诚恳地找到陈白尘与我，表示他们坚决出好这本书。果然，他们与我们真诚合作，大胆坚持了现代启蒙主义的文化立场，出版了建国后我国第一部《中国现代戏剧史稿》。此书出版后得到国内外学术界一致好评，获得江苏省政府一等奖和全国文科优秀教材特等奖，被高等学校作为教材，直到今天，仍然一版再版，历三十年而生命不衰。如果当年没有夏衍等老一辈戏剧家的支持，如果没有戏剧出版社的合作，会有这样的好运吗？我见识过许多佳作被出版社扼杀的文化悲剧，每想到此，我对中国戏剧出版社就有一种感激之情。

出版事业是现代文明事业的一角。如果出版业保守、后退，就会使文化的现代性受损。想到这里，我觉得每一家出版社除了遵守国法，遵守自己系统的领导之外，还应有各自的文化个性。中国戏剧出版社的文化个性是什么？它的第一任社长田汉的精神，就应成为中国戏剧出版社的个性，这就是热爱艺术、热爱美，追求自由，诗一般的真诚与深刻。有了这个精神，就会有好的作者来投，就会有好的书出版。要想说的话很多，就此打住。

一个受难者的灵魂

——为《路翎剧作选》出版而作

杜 高①

一位友人对我说，去年召开第四次作家代表大会时，在那个辉煌的大厅里，在一群群神采飞扬的当代男女作家们欢声笑语的热烈气氛中，他看到只有路翎②——一个白发满头、目光凝滞的老人，总是默默地孤独地坐在他的席位上。从他身边川流不息走过的欢腾活跃、华服彩衫的人们，同路翎一身旧式的衣服和漠然的表情，形成了一种刺目的对照。熟识路翎的人认出了他，走过去拉起他的手，说几句慰问他的话，流露出几分伤感。在这种情景下，谁还会想起他曾经有过的那般出众的风采，谁还会想起他流过的眼泪和鲜血呢？我的友人说：我看到路翎那样安详自若地坐着，我心里有多么爱他，又多么地可怜他啊。

不久，这个辉煌的大厅里又举行了戏剧家代表大会，这一次路翎没有被邀出席会议——也许是慰问他的寂寞吧，他的名字印在一张名誉代表的名单

---

① 杜高（1930—）：著名文艺评论家，原中国戏剧家协会书记处书记、中国电视艺术家协会书记处书记，1980年任中国戏剧出版社总编辑。

② 路翎：著名作家，代表作有《财主底儿女们》《饥饿的郭素娥》，曾任中国戏剧出版社编辑。

上。人们对于剧作家的路翎，确实已经很陌生了。

就在这个时刻，中国戏剧出版社偏偏赶在武侠小说、海外奇事之类的时髦书刊竟相出版的热潮中，印出这么一本“不合时宜”的《路翎剧作选》，也许就是为着唤起人们对一位已被遗忘的剧作家的记忆吧。此刻，当我面前摆着这本书的清样，不久后这本新书将送到一个个读者手中，想起三十多年前我曾是这些剧本最亲近的读者，今天又意想不到地做了这本书的出版人，不免心头荡起感情的波涛，沉入往事的回想里。

在我熟识的友人中，有许多受难者。但我觉得最大的不幸者和牺牲者是路翎同志。虽然他并没有在那个悲惨的年月里死去，而是坚强地活到了今天。但我常常想，在他被蒙上反革命罪名，戴上镣铐投进监狱的那年，还不过是一个刚满三十岁的充满对世界的憧憬的青年，却已是一个拥有二百万字以上丰厚著作的惊人地勤奋多产的作家时，我就不能不感到一种深深的痛惜。同时他又是一位严肃地对待工作和生活，诚实朴素，心地纯正的好同志。他从不炫耀自己，也从不逢迎别人和伤害别人，即使对待那些凶猛的批评家，他也从不用恶语攻击他们个人，他反驳他们的论点，有时甚至是带着痛苦讥讽他们的议论，但他始终只把他们看成文艺 / 问题上的论敌，对其中的许多人他甚至是尊敬的。即使后来人们把他当成“政治敌人”时，他却仍然尊称他们为“同志”，因为他们大多是共产党人和靠近党的人，而他对党是从不怀疑和衷心拥戴的。像路翎这样罕见的早熟的文学天才，又具有这样难能可贵的品德和一颗纯洁的灵魂，如果没有遭到这样一场意想不到的摧残，他将会成为怎样一个杰出的人物，成就怎样辉煌的事业，难道不值得我们感到憾恨吗?

我认识路翎是在 1952 年初夏，我刚从朝鲜前线回到北京，他正把全部艺术热情投入剧本创作，刚改完《人民万岁》，又完成《英雄母亲》，接着又在写《祖国在前进》。我们同在廖承志同志领导的中国青年艺术剧院创作室工作，同住在一个小楼上，是朝夕相见的朋友。我很高兴认识路翎，我在十二三岁时就读过他的小说《饥饿的郭素娥》，后来又读了他的剧本《云雀》，我受过他的作品的人道主义的感染，他是我少年时仰慕的作家之一。虽然我见到他的那年，他才二十七八岁，是一个外貌英俊的青年。他的那一双大大的、充满智慧的明亮的眼睛，几十年来一直在我的眼前闪光。

他的戏剧创作的路程很不平坦，他那几年写的剧本一个也得不到上演。《英雄母亲》曾经准备排演，剧组成立了，导演和演员们到工厂体验生活，发生了对剧本的争论，终于停排了。这些使路翎感到了痛苦。他是一个顽强而勤奋的艺术实践者，他不是理论家，他不参加理论上的争辩，他只是用他的作品来实践他的文学追求和理论信仰。他不停歇地创作，当剧院刚刚否弃了他的一个剧本，他又交出了第二个。当人们正忙着打印、传阅、提意见、组织讨论时，他已埋头在第三个剧本的写作中了。就是这样一种不可遏止的奋进精神支持着这位剧作家，使得他在不愉快的处境中，灵魂昂扬，艺术创作的灵感之泉喷溅不止。

又一次，我送一本刚出版的我的小册子《战斗在朝鲜》请他指教。他停下手中的笔，一边翻着书一边热烈地谈起朝鲜战争来。他是那样向往前线的战斗生活，那样渴望能到战士们当中去。他对我说，战争是最吸引作家的，老解放区来的大都熟悉部队生活，这是他们的一大优势。他自己比较熟悉工人和城市下层劳动人民，而中国历史最震撼人的心魂的，还是革命战争。没有经过战争锻炼的作家很难表现这个伟大斗争的时代。我向他谈了一些前线见闻，很引起他的兴趣。他显然不满意当时的一些反映战争的作品，不满意对战争中的人的简单化、概念化的描写。我记得他是那样热烈地称颂托尔斯泰的《战争与和平》，赞美果戈里的《塔拉斯·布尔巴》。他强调文学的现实主义，作家对生活的热情拥抱，作家主观态度的真诚，作家对生活真实的艺术把握……这样的谈话，不但使我在感情上和他亲近起来，而且也感受到一些他当时的深沉的文学思考。就在这一年的冬天，他便实现了自己的志愿，十分得意地穿上了一身崭新的志愿军军装，套上了一双笨重的高统羊毛靴，雄纠纠地跨过鸭绿江到前线去了。第二年秋季以后，他的描写战争的作品《初雪》《从歌声和鲜花想起的》《板门店前线散记》《战士的心》《洼地上的“战役”》…… 一篇接着一篇陆续发表，真使我联想起弹坑遍野的战地上春花怒放的图景。他的作品引起了文学界的广泛注目和热烈反响，同时也遭到了猛烈的批判。不管是赞扬或是指责，都不能使他停下笔来，他的职责就是写作，按着自己的信念写作。只有作品才是他对世界的最真诚的贡献，也只有作品才是对爱者和论敌的回答。他是这样的一种作家：直到他的双手被戴上镣铐的那一刻，他才会停下笔来。他被公安部抓走后，留在抽屉里的，竟是一部已写出四十万字的长篇小说《战争，为了和平》的未完成稿。

在我和路翎相识后的短短三年的时间里，他确实让我看到了文学天地里的一种奇迹：当一个热情的作家，怀着一颗燃烧着的心，去爱人民和拥抱生活时，人民和生活便会为他开掘怎样宽阔的艺术源泉，给予他的艰辛的奋斗以怎样丰厚的报偿。

路翎的文学信念是坚定的，他的艺术风格和艺术个性也是很鲜明的。正因为这样，他不能不有自己的缺陷和弱点。我当时和现在都不认为他的每篇作品，特别是他的剧本都是写得成功的。从他的第一个剧本《云雀》开始，他喜欢用长段的对白来刻画人物性格，表现人物的心理状态，他不太注重戏剧情节的组织，不太着力于通过戏剧动作来展现人物的内心冲突。他想让观众看到生活，而不是看到技巧。但是由于他对戏剧的舞台性的忽略，他的这一崇高的意愿未能得到完美的实现。他的剧本显得松散，不吸引观众，情调比较低沉。但是可以看到，他的剧本一个比一个写得好，人物性格越来越鲜明，戏剧动作越来越强烈，他对戏剧的艺术形式越来越自觉地把握，都说明他在短短的几年里，从一个小说家更走近戏剧了。记得在我们的创作室里曾是那样认真地和热烈地讨论他的剧本，虽然那时候我们这些年青人艺术见解都很幼稚，但是我们的心是热诚的、坦率的，没有客套和虚假。《英雄母亲》是路翎剧作中情绪最昂扬的一部作品，舞台气氛是壮烈的，是一首英雄的颂歌。但由于剧本着重描写了母亲丧子后的内心悲痛和强忍这个悲痛最后战胜它的英雄主义，剧院的同志们就曾向作者提出了许多修改意见。这在今天看来似乎是可笑的事，但在当时却是十分认真而严肃的。路翎不愿按照他认为是“公式化”的要求来修改剧本，因此他作为一个剧作家的艺术路程也就跃进艰难。

他的剧作家的生涯竟是这样短暂，当他的戏剧才能开始显露的时候，生活的重大变故也就发生了。对于当时的路翎，最大的困苦莫过于硬把他的每一篇作品都当成胡风文艺理论的图解或标签进行生硬的联系和粗暴的讨伐。这无异于设下一个陷阱，把一个作家的内容丰富而生动的创造活动扼死在里面，尽管路翎的文学生命力是这样刚强，也不能不感到窒息了。

1955 年平地而起的政治风暴，把路翎从我们中间席卷而去。这以后便开始了压抑而惊恐的、流血和流泪的、漫长而痛苦的二十五年。我在绝望而动乱的年月里常常怀念起路翎，为他祝福。二十五年以后我终于重见路翎，但我悲哀地看到了一个神志不清、满面皱纹的老人。路翎是一个强者，他没有死去，没有背叛，他保持着一颗纯洁的心，活到了新时代。但他毕竟是一个被压迫受欺凌的弱者，他终于抵抗不住那过于沉重的精神打击，他的脑神经失常了。作为一个人，他是多么地强大；作为一个作家，他又是多么地悲惨！

记得 1955 年春季，文艺界开展胡风文艺思想的讨论和批判，目的是肃清唯心主义的思想影响，保卫马克思主义。我和路翎当时所属的中国剧协剧本创作室的十几位同志，每天紧张地召开学习会，每一位剧作家也都联系自己的创作和思想，进行自我剖析，努力划清同唯心主义的思想界限。剧协主办的《剧本》月刊便来约我写一篇评论《英雄母亲》的文章，我认真地、甚至是过分严厉地评论了这个剧本的缺点，提出了对作者的希望。万万没有想到，从我把文章交给编辑部，到刊物印出来的一个月里，风云突变，胡风问题升级，路翎从一个人民作家变成了人民公敌，被隔离反省了。而我的那篇评论文章便成了我为路翎辩护的一个政治罪证。因为我竟然把“反革命分子”的“阴谋”歪曲为创作思想上的“失误”，把一场“你死我活的阶级斗争”改变为纯学术的争论，可见我的“用心”是何等“狠毒”了。接下来的一期《剧本》月刊便是点名对我进行批判了。我见到路翎的最后一面是难忘的。那是在东四头条胡同文化部的大门口。我由一位同志“陪”着进去交代问题，他由几位同志“陪”着走出来。目光匆匆相遇，我忽地发现几天不见的路翎额前竟垂下了一缕白发。这一缕白发几十年来都使我惊怖而颤栗！这以后，我被宣布为“反革命嫌疑分子”，受到隔离反省的处置。为我准备的那间小屋子恰恰就是不久前路翎的隔离室。他刚从这里被抓走了，我接着被送了进来。

历史使人感到神妙。25年后的1981年春末，我重见路翎，又是由于《剧本》月刊编辑部的约请。这家刊物组织了一批剧作家去参观访问山东德州农村，那里的农民冒出了“万元户”。这一天，我和其他朋友按照通知的时间到开往德州的一节软席车厢里集合，开车的时间到了，仍不见路翎先生上车。组织者有些着急了，担心他的身体出了问题不能参加活动了。谁知这一天他早已换上了一套洗得很洁净的旧制服，由他的夫人陪伴着，两个小时以前便赶来车站，在一节拥挤的硬席车厢里找了一个座位，安安静静地等候出发了。他的心情很好，他重又被当作一位人民的作家受到热情的邀请了，只是这位关在牢狱里多年的囚犯，在意识上还不敢把自己的价值同一节“华贵的”软席车厢挂上钩来。这个小小的插曲，几乎使我在重逢的喜悦中落下泪来。

路翎是一个朴实忠诚的人。1980年，社会上已流传胡风集团将要彻底平反的消息，他还在街道上做清洁工。他每天一大早挟着一把大扫帚清扫马路上的垃圾，他像对待写作一样兢兢业业打扫街道，从不懈怠。他扫过的街道一片残叶也找不着，使行路人感到舒适。这天，街道干部把平反的消息告诉他时，他并没有像人们预想的那样狂喜或痛哭、丢掉扫帚狂奔而去。他是那样沉静，一句话没有说，继续埋头清扫马路。第二天一早，街道干部惊讶了，路翎还像平日一样，挟着扫帚出工清扫垃圾。干部对他说："你的处分撤消了，不要扫街了！"路翎回答："还没有人来接替我的工作呀，街道这么脏，不能不扫干净的。"这件事，最能说明路翎对待工作的真诚。

1953 年，他以作家身份到朝鲜前线采访，却一点不像部队的客人，和他一同去的朋友告诉我，在板门店前线，他亲眼看见路翎端枪击倒了一个向我方射冷枪的敌人。那是在停战谈判开始以后，中国作家们到了谈判代表团驻地，路翎看到敌方仍经常向我方射击，看到被杀害的妇女和儿童，他气愤了，从一位战士手里拿过一支枪，走到战线的前端，瞄准远处敌方一个个钻动的人头，猛地射击，只见一个中弹的敌兵哀叫着倒了下去。路翎的这个举动，改变了前线士兵们对作家的印象：他们并不仅仅是采访者，他们也是战士。另一次在山岗上的夜行中，同行的一位作家失足掉进了一个积水的深弹坑里，在场的同志们惊慌地呼唤而不知所措，路翎奋然跳进水坑，把那位同志救了上来。这些行为生动地表明了他的战斗的人生态度。

我接触过不少作家，没有人比路翎的私生活更简朴。1952 年我们的待遇由战争时期的供给制改为薪金制，路翎的工资级别很高，可以领到二百元月薪，但他向组织上申请仍旧领取供给制时的二十元津贴，理由是他每月已有一定数目的稿酬收入，他不需要更多的钱。他的宿舍里，只有一张小铁床和一个书桌，地板上一只旧皮箱里装着他自己已经出版的一大堆长、短篇小说集。桌上的搪瓷杯盛着开水，每天抽两盒价值一角二分的劣质烟。他就这样从早到晚伏案写作，仿佛除了沉醉在辛勤的劳作里就再没有别的生活享乐了。我时常递给他一支优质烟，给他倒一杯香喷喷的热茶，开玩笑地劝他不要过于"虐待自己"。他对我微笑，笑得那么纯真。他说："我从来就是这样的，我过不惯阔人的生活。"一直到现在，六十二岁的路翎还是像以往一样的生活和工作着，他没有改变对世界的态度，永远做不了"阔人"。

当年轻一代的读者们将要看到路翎过去写的这几部剧作时，我是不是应该写下这样一些带着苦味的回忆文字呢？如同罗曼·罗兰在他的《弥盖朗琪罗传》向自己的提问：“我是否应当，如多少别人所做的那样，只显露英雄底英雄成分，而把他们的悲苦的深渊蒙上一层帷幕？”我想，我能做的也应当是让读者们在享受他的艺术作品时，看到一个受难者的灵魂。

《路翎剧作选》对一个出版社来说，可能是一本不合市场需要的赔钱书，从排印到发行都是艰难的。这本书的编者是同路翎一起经历苦楚的剧作家鲁煤同志。他是怀着深厚的友情和历史责任感寻找和校勘这些早已被抛弃的剧稿的。今年七月，当鲁煤最后一次到医院去看望病危的胡风先生时，发声困难的老人关切地询问这本书的出版情况，盼望早一天送一本给他看。胡风先生一生最后的一篇文学评论，大概也就是为这本选集写的“序言”了。鲁煤含着眼泪对我说，胡风先生的这一个小小的愿望却是未能得到满足，他再也看不到这本书了。

八月三日这天早晨，晴朗清丽。二十几位朋友陪伴梅志夫人和她的儿女护送胡风先生的遗体到八宝山革命公墓，在一间小告别室里，向这位饱经忧患而忠诚不屈的文学战士行了最后的敬礼。我看到柔和的阳光从高天直射到老人的身躯上。路翎没有哭。他挣脱女儿的搀扶，在友人们的低泣声中走近老人身边深深鞠躬。他的步子沉稳坚定，神态肃穆庄重。这使我忽然有了一种信心：路翎已经恢复了自己的健康，而且将会使自己的生命越来越坚强。

（刊于《路翎剧作选》一书，中国戏剧出版社 1986 年 2 月版）

田汉：人格的独特魅力

杜 高

田汉先生生于1898年3月12日，今天是他的百年诞辰纪念日。

田汉是一位才华横溢、勤奋多产，心地单纯、热情澎湃的杰出的戏剧诗人。他一生创作了话剧63部、戏曲27部、歌剧2部、电影12部，歌词、诗作2000多首、文章700多篇，共计1000多万字。这是他留下的一笔丰厚的文化遗产。而每一个中国人，又都是高唱着他写的那首激昂慷慨、义薄云天的《义勇军进行曲》歌词，宣誓献身祖国的忠诚的。

二十世纪的中国，出现了田汉这样一位爱国主义者、大戏剧家，是中国文化的骄傲。

我认识田先生的那年，还是一个10岁的孩子。在抗战时期的文化城桂林，“新中国剧社”演出他的《秋声赋》，我在戏里演一个擦皮鞋的流浪儿，和一群小演员演唱他写的《擦皮鞋歌》。1944年春，我又参加了他领导的为呼唤抗日救亡而举办的“西南剧展”活动。我们演他的戏，读他的文章，听他的演讲，受到深刻的思想文化影响。解放后我又在他任主席的剧协工作。1957年“反右”，我被划为“吴祖光右派集团”的成员，我去劳改之前，他同我谈话，嘱咐我“努力改造，早日回来”，竟成了我同他最后一次接触。可以说，像我这一代戏剧工作者的成长，是和他的戏剧作品的熏陶和艺术精神的感染分不开的。

我认为，在戏剧创作上和对现代中国戏剧事业的贡献上，和田汉并驾齐驱、同样获得辉煌成就的戏剧家，还有欧阳予倩、洪深、曹禺、老舍、阳翰笙等令人崇敬的大师和前辈；但是，从本世纪三十年代到六十年代这四十年中，作为中国戏剧运动公认的、具有崇高威望和深刻凝聚力的领导人，称得上最具感召力的戏剧精神领袖，却只有田汉一人。这是田汉的独特成就，也是鲁迅之后中国现代文艺发展中的一个独特现象，在中国戏剧史上也是独一无二的。

田汉在戏剧界的威望和领袖地位，既不是由某个权力部门封给的，也不是由某个艺术流派鼓吹的，而是在中国动荡不安的社会生活和急剧变革的历史环境中，通过他的艰苦卓绝的戏剧实践自然地建立起来的。不仅是那些接受了新思想的进步的话剧工作者、就连那些挣扎在社会底层、没有文化的戏曲艺人们，也都被吸引到田汉的身边，剧人们亲切地称呼他为“田老大”，把他当成最知心和最可信赖的带头人。从1932年田汉秘密加入共产党以后，分散在旧中国广大地区的新旧戏剧工作者，便围绕着这位性格像一团火一样热情的戏剧实践家，逐渐聚集起来，组成了一个和时代潮流相结合的艺术队伍，在与旧势力的抗争中走向光明，直到迎接新中国的诞生。为什么只有田汉才能完成这个艰巨的历史性的使命呢？他的伟力在哪里呢？我认为，除了他的才华和学识、他的艺术成就和勇往直前的实践精神之外，更主要的是由于他的人格的独特魅力，只有这种人格力量，才能把千万个散漫的各有门户之见的新旧剧人凝聚起来。

没有第二个人能像田先生这样，倾注自己的全部情感，热烈而深挚地、几乎是无条件地爱着不论是大小剧种和大小剧团，爱着每一个有名或无名的大大小小的剧人。他一视同仁，把所有剧人都看成是自己的亲人。在他的心目中，“干戏”是最神圣的，谁要是鄙薄剧人，不关心剧人的疾苦，都会引起他的气愤。我至今还记得54年前（1944）“西南剧展”开幕的那天晚上，上千个戏剧工作者挤坐在桂林一个破旧的戏院里，先由欧阳予倩先生报告“剧展”筹备经过，接着是官员讲话，田汉先生最后走到台前，只有他通篇讲的是“干戏的人”。他沉痛地掏出一份名单，悼念在抗战中牺牲的戏剧工作者；他激昂慷慨地颂扬戏剧工作者吃苦耐劳的精神和对抗日救亡运动的贡献；他大声呼吁政府应爱护戏剧工作者，支持戏剧工作！他的讲话使众多在场的剧人流下热泪。1944 年冬天，日寇疯狂进逼，桂林撤退，我们逃离桂林，步行到贵阳。人流千里，露宿山野，饥寒交迫，当年的惨状是今天的人们难以想象的。田先生到贵阳后，不分昼夜奔走呼号，为流亡剧人办了一个“文化人招待所”，亲自把一个个活着走到贵阳的疲惫不堪的剧人们安置住下，还帮我们这些孩子向“救济处”领来了粥票。但我几次到他的住处，却见他和夫人安娥正愁着没有米煮饭，这就是田先生的为人！解放以后，他虽然身居要职，仍一如既往，经常看望各地的老朋友，关怀艺人们的困苦。50 年代，他重回长沙、桂林时，看到不少老艺人生活穷苦，疾病缠身，行头破旧；到上海时又听到一些演员诉说艺术得不到发展，他的心情沉重，挥笔写下《必须切实关心并改善艺人的生活》和《为演员的青春请命》两篇著名文章。1957 年豫剧名旦陈素贞被戴上右派帽子，到北京找田汉求助，田汉夫妇热情地腾出自己的房间留她住下，要她在院子里每天练功吊嗓，不要丢掉功夫。后来，陈素贞平反以后，才得知田汉早已惨死在“四人帮”的囚禁中，死亡证上写的名字叫“李伍”。她悲痛欲绝，以后只要提到田老，便泣不成声，足见田老和艺人深挚情谊。

没有第二个文人像田汉这样，无论在什么处境中，都保持着一颗孩童般纯真的心和艺术家宽厚仁爱的胸怀。1952 年初，批判电影《武训传》刚结束，他的京剧《金钵记》（后改名《白蛇传》）在北京演出，有一位远在浙江的青年写了一篇批评投寄《人民日报》，文章抽出戏里法海和许仙的一句对话，批评作者“没有划清压迫者和被压迫者的界线”，是“替反动派说话”。文章发表后，戏剧界的专家们认为批评者幼稚可笑，为田老愤愤不平，唯独被批评的田汉却看出这是一个用功读书的青年，反倒很赏识他，把他调来剧协从事戏剧研究工作。这个青年就是后来颇有成就的戏曲评论家戴不凡。诗人屠岸也讲过他亲历的一件小事：1964 年文化部组织对田汉的批判，青年屠岸接受了组织交给的批判任务，他很下了一番功夫，查资料找论据，在会上宣读批判稿。当年的所谓“批判”显然是荒谬而粗暴的，田老听后非但没有生气，反而欣赏他的广征博引，笑着对屠岸说了一句：“孺子可教也。”但是谁也没有料到，后来对这样一位宽厚大度的艺术大师的“批判”，竟是彻底摧毁他的生命。

更没有第二个人像田老这样，不管担任多高的职务，始终是一个活跃而自由的满怀时代激情的诗人。激情使他的作品充满诗性，激情使他的工作充满创造精神。他不像有些领导干部那样谨小慎微，说话吞吞吐吐，只求稳妥，怕犯错误；他襟怀坦荡，潇洒自如，既不摆架子，也不记私仇，鼓励下属大胆工作，发挥才干。他最初领导的戏剧家协会生气勃勃，洋溢着学术争鸣的自由空气，真是全国戏剧工作者心中的家，但后来被一个接一个的政治运动破坏了。使人惊异的是，经过“反右”运动以后，极“左”文艺思潮和教条主义严重窒息了艺术家的创造思维，一些杰出的艺术家再也写不出有新意的作品，知识界几乎噤声了。唯独田汉这个差一点划为右派、受过内部严厉批判的人，反而顽强地保护着艺术心灵的自由王国，以深邃的思想和高超的艺术技巧，以激情和诗情的完美结合，奇迹般地创作了他一生最后两部、也是艺术价值最高的杰作：话剧《关汉卿》和京剧《谢瑶环》。前者为他一生所热爱的中国剧人竖起了一座永恒的纪念碑，后者淋漓酣畅地抒写了他一生为民请命的情怀。而今天，我们正是从这个奇迹中，找到和认识了一个真实而独特的田汉。

（原载于《光明日报》1998 年 3 月 12 日）

怀念王正[①]

方掬芬[②]

前不久，中国戏剧出版社给我寄来了一封征稿函，希望我写一篇为中国戏剧出版社成立60年的纪念文章。我一想，今年正好也是我和我老伴王正正式参加革命工作60年。我们当时是苏州国立社会教育学院艺术教育系戏剧专业学生，和我们同班的同学还有：柯岩、陈刚、陈创洛等。1949年是火红的年代，我们当时都还不满20岁，时代的浪潮冲击着我们，我们要追求光明，追求进步，无法再静静地呆在校园里读书了。1949年7月26日，由华东团工委保送，我们到北平，加入了中国青年艺术剧院。从那天起，我们和中国戏剧以及中国戏剧界结下一生的缘。

我的老伴王正已经过世快7年了，其他几位当时从大学一起来北京的同学，也都是花甲年迈了。60年的风雨坎坷，我们失去好多，但也得到了更多。我为孩子们演了一辈子的戏，我爱这个行当，更爱剧场和舞台。年轻时总梦想能在台上一直演戏演到生命的最后一分钟，我的梦想没有能完全实现。20年前，我从舞台前退到舞台后，但是我始终没有离开中国儿童艺术剧院及中

① 王正（1930—2003）：著名剧作家，1985—1990年任中国戏剧出版社社长兼总编辑。
② 方掬芬：原中国儿童艺术剧院院长、著名戏剧家。

国的戏剧界。

中国戏剧家协会成立的时候，也是我刚刚参加工作的时候。我当时对中国戏剧家协会一点认识都没有，觉得这个协会和自己没有任何关系，它的会员都是那些我在学校时就知道的名演员、名作家、大学问家、大艺术家。比如说田汉、夏衍、吴祖光、梅兰芳、舒绣文、老舍等等，在我眼里，他们都是大人物。我们这批刚刚到剧院的年轻人，除了高涨的革命热情，还没有明确的方向。当时为我们办了各种学习班，首先要我们武装思想，学习延安文艺座谈会上的讲话，同时也学习专业，请专家学者为我们作报告，组织观摩，讨论，座谈。记得我们去听评剧的改革者——名角新凤霞作报告。我们先看了她的《艺海深仇》，之后听她现身说法，如何从艺，如何改革评剧老的唱腔，简直棒极了。那是我第一次认识她，多年后，特别是"文革"以后，我们成了很近的朋友。但当时我看着她，觉得她好了不起，她当时也很年轻，就做出了那么大的成绩，令人羡慕不已。

后来我自己成了专业演员，也做出了成绩，自然也成为了中国戏剧家协会的成员。随着年龄的增长，工作的时间长了，我由普通会员变成理事，常务理事，最后做了剧协的副主席。现在我退休了，但是剧协还保留我做了顾问。剧协是我生活中很重要也不可分割的的一部分。我了解剧协，也知道它的作用以及功绩。剧协为我们中国的戏剧人，提供了一处生存的天地，一处属于我们的特有的天地。对剧协各部门的工作人员多年来辛苦的工作，我永远感激。在60周年庆典的时刻，一件件的好事，一个一个的好人，就像电影里的胶片一样，在我脑子里浮现，我借此机会，谢谢剧协，谢谢在那里工作的每一个人。

有人曾问我，"文革"前十七年，有哪些好，有哪些不好？我说，什么都好，就是搞运动不好。我有时想，如果不是因为那些没完没了的运动，我希望在舞台上一直演到生命的最后一分钟的梦想是否就可能实现了呢？我这一生，花了多少时间搞运动。每次一个运动来了，我们就不能演出，不能排戏，不能练功，日常的生活也搞乱了。有很多运动的原由是我们不知道，也不了解的，但我们却要坐在一起谈认识，分析，批判。每到这种时刻，我说不出话，也没有词，手忙脚乱的，不知如何是好。天长日久，我也习惯了，每次有新运动，干脆自报家门：我落后，没有政治头脑。奇怪的是，我好像就这么“平安的”保全下来了。和很多我的亲朋至友，包括我的老伴王正相比，我真是幸运的。在政治生活不正常的那些年代，每一次运动，总有一些和我朝夕相处、一起共事的朋友被定上了一些罪名。头天大家也许还在一起欢笑，第二天，有的人就成了敌人。

记得 1957 年的“反右”斗争，大字报铺天盖地，批判会热火朝天，批判词慷慨激昂，好吓人哟。毛主席说对思想问题要和风细雨的，可哪有和风细雨呀，是急风暴雨，突然之间，好多人成了右派。我丈夫王正和他的好朋友吴祖光先生，都被划成了右派。他们说右派就是反党、反社会主义的敌人，我实在是想不通。就说吴光祖先生，我在当学生的时候，就读他的著作。他享有“神童”之名，很年轻的时候就写出了好作品。他的《少年游》《风雪夜归人》等等，我们在学校时就学习过。我还看过这些剧目的演出，他是我们国家最有声誉的剧作家之一。解放前夕，他在香港工作。新中国成立时，他一心要回到刚刚成立的新中国，希望在“阳光灿烂的天地为人民写作”。如果他要反党、反社会主义，他完全可以不回来。他是我丈夫王正的好朋友，是我们的兄长。他为人热情，乐于助人，性情耿直，爱说真话，心里透明，爱打抱不平。

我老伴王正也是在 1957 年被划成了右派，和吴祖光先生一样被发配到了北大荒去劳动。我永远记得他提着行李离开家去北大荒的那个早上，我们大女儿还不满一岁，他一走，就是几年。

在庆祝 60 周年大喜的日子里，我本意不想谈这些事情，但我不能不想到我的老伴王正。我和王正是1948年在大学里相识的，他和我是同乡。他聪明，有才华，喜欢钻研理论，热爱文字戏剧，热心于政治。从中学时代，就爱参与爱国戏剧活动，发表反对腐败国民政府的文章。在大学里，他是地下共青团员又被选为学生自治会宣传教员。他和自治会的其他同学，组织我们偷偷的抄录新华社的消息，用大字报写出来，贴在校园里给大家看。解放的前夕，他积极参加高校师生护校运动，筹粮义演，迎接解放。参加革命工作之后，老同志都反映，王正最进步，最有培养前途。他的理想是搞创作，研究理论。那时候他真用功呀。他一生的最爱，就是读书。只要能找到的书，他都要读，记笔记。他写了40万字研究曹禺著作的论文，曹禺先生看后，赞赏说："后生可畏呀！"可惜的是他写的很多文章，在后来的运动中，一篇一篇遗失了。

"反右"开始后，他被停职了，每天参加批判会。工作组找他谈话，他回到家里还要写检查。突然间，所有的朋友都不再和他交往，除了给刚刚出生不久还不会说话的大女儿讲故事，他就日夜读书。他当时自学了俄文，试着翻译俄文戏剧理论文章。在临被送到北大荒去劳动改造的前几天，他还躲在剧院小礼堂里的一个角落里看《三星高照》的彩排，然后深夜趴在灯光下，给老院长吴雪写了一封很真诚的信，写他的观后感，对戏提出了自己的看法和建议，同时向组织表决心，一定要好好地去改造。他是真真实实地去接受改造了。（在零下40℃带领同志们到结了冰的小河里搭人桥，让后面的人和物过河）。有一次在完达山伐木，大树滑坡，从山上滚下来，险些被砸死了。几年后，通知他说右派被摘帽了。他和吴光祖先生一起被送到当时在黑河的农垦局文工团，搞创作。他们俩二话没说，服从工作需要。他们何尝不想回家团聚？他的亲人也盼望他们早日归来呀！但他们服从组织，留在北大荒。后来他得了严重的胃溃疡，他们当时的团长是一位政策水平很高、爱才又关心年轻人的复员军人。因为他的坚持，王正才被送回北京治病。当我见到王正的时候吓了一大跳，人瘦得皮包骨，不停的疼痛，不停的呕吐，不久就胃穿孔了，如果抢救不及时，恐怕连命都没了。

王正一生的愿望就是能写作。因为成为右派，不能正式发表作品，他就全心全意帮助扶植其他的作家，甚至乐意为别人代写。写到这里我又想起一位名叫东升的朋友，是一位资深记者，热爱写作。60年代初期，他写过一本叫《无产者》的小说，他想把它改编成电影剧本。当时他找到王正，请王正帮助他。王正那时是个摘帽右派，东升还来找他帮助，王正十分感激，剧本后来出版了，也很成功。2002年，他又来找王正帮助他改编《天地颂》。王正当时病得已经很重了，癌症晚期，我和女儿们都劝他不要接这份工作。可是他说："这是老朋友了，他知道我有病，但他还是要弄，说明他信任我，我不能让朋友失望。"他每天趴电脑前工作近10个小时，我们怎么制止也不行。

王正是在改革开放后，作了剧协的书记处书记。他为了中国戏剧家协会及戏剧家们，用尽了心思和精力。他和几位志同道合的朋友及同行，组织了中国戏剧文学学会，面向中国的剧作家，尤其是年轻一代的剧作家，组织评奖，讨论研究他们的剧本，并创办了刊物发表，为大家提供发表及探讨的机会。一起开办学会的其他两位同仁是李钦和丁一三。当时比他们年轻、但非常能干的曾宪平做了秘书长。王正坚信学会对发展中国戏剧事业有利，是发掘人才的好地方。今年是学会的第四届全会，全国有70多位会员来参加。会议期间，几位和王正共过事的同志提出去给王正扫墓。那天，有20多人和我一起到王正的墓地去，有一位年轻的作家在王正墓前痛哭。很多同志也跟着流泪。我在心里说："王正，你在地下安息吧，有这么多人想念你，爱戴你，生前受了委屈，也值了。"

一个对工作、对戏剧、对朋友如此衷心热爱的人，有半生的时间被视为反党、反社会主义的敌人，并被剥夺了工作权利，是很令人悲哀的。我并不想指责任何人，已经过去了的不可能再改变了。在我们庆祝中国戏剧出版社60周年的日子，我自然会想起和我共度了一生的亲人、朋友和同事，想起所有为了我们中国戏剧事业贡献了一生的人们。我只是企盼，我们当今的党和国家领导人，能带领我们新的一代，认真总结建国以来历次运动，承认我们的缺点和错误，正视它，改掉它，不要让历史的悲剧重演，让我们的下一代生活得更祥和、安宁、美好，我们的文化艺术事业才能发展，我们戏剧舞台才会更加辉煌。

我把我的一生都给了中国的戏剧事业。我爱我的家，我更爱我的戏剧工作。我们这些戏剧人就像是剧协这个大家庭的孩子，我们在家里只想讲心里话，我们也需要家的保护。在我的有生之年，我希望能看到我们中国的戏剧界百花齐放，让更多年轻人像我们当年一样热爱戏剧，愿意为戏剧献身。我相信在我们中国，会有千千万万热爱戏剧的年轻人，他们需要鼓励、支持、保护和尊重。

这些都是我在中国戏剧出版社成立60周年之际，想说的真心话。

中国戏剧出版社辉煌十年

鲁 煤[①]

进入新时期，1980年初，中国剧协恢复，重建了“文革”期间被撤销的中国戏剧出版社（以人民文学出版社戏剧编辑室人员为班底转移过来）。我从这一年开始，直至1989年2月离休，在该社工作十年。这是该社有史以来事业发展到顶峰，社会效益与经济效益双丰收最辉煌的十年。

我和司空谷同志都是自中国剧协建立以来就在协会工作的“元老”型干部。1980年初，剧协领导人赵寻同志派我二人去戏剧出版社加强“领导班子”，我任副总编，司空谷任社委会委员（相当于副社长）。赵寻给我们的指导思想极其明确：搞好戏剧出版事业，为广大戏剧界人士服务；同时，给剧协赚钱花。去出版社前，我任剧协研究室副主任，当时计划收集中国话剧发展史资料，为此，需要和各地文化、戏剧团体和有关人士联系，但是连个长途电话都不敢打，因为国家拨给剧协的事业费少，分配给研究室，几乎聊胜于无。我深感国家太穷了。所以，对于赵寻让我们去办好出版社、赚大钱的任务，我坚决奉行不殆。我到出版社工作后，发现这里果然赚钱容易，似乎只是“举手

① 鲁煤（1923—2014）：著名剧作家，代表作有《红旗歌》《里外工会》，曾任中国戏剧出版社副总编辑。

之劳”，于是我就像“鬼迷心窍”一般，一头扎在工作与赚钱之中，而且“欲罢不能”了。

那时期，戏剧出版社的编辑部和经理部机构设置全面，人员众多（多时达200余人），规模恢宏。仅以编辑部说，就有戏曲编辑室、话剧编辑室、外国戏剧编辑室、美术编辑室、田汉文集编辑室、宝文堂编辑室等。对于中国几百年来的戏曲传统著作，戏曲、话剧及外国戏剧的现当代优秀剧目及理论著作，作有计划、成系列的循序出版，为推动我国整个戏剧事业的发展，做出了巨大贡献。

那时期，几乎所有戏剧事业书籍都限于为专业人员使用，印数不大，非畅销书，所以都是赔钱的。也就是说，出版社出钱为剧作家、评论家等人出书，还发稿费，帮助他们名利双收，而我社赔本。那么，靠什么来维持出版社的发展、壮大，并给剧协上交钱呢？靠通俗读物，这些读物的社会读者，受众面广（包括广大农村），印数大，是畅销读物，最易赚钱，有时我感到像“天上掉馅饼”那么容易赚钱，它们是我社发财致富的“社会基础”。

我社通俗读物分为两大版块。第一块，是中国古典与现代的说部演义与武侠小说。时值我国改革开放初期，一般人尚把它们当作“封建旧小说”，有不健康的思想内容，对广大读者有不利影响，所以新闻出版署还不准他们发行。而我社认为，我国浩如烟海的传统戏曲剧目，绝大多数都是从它们整理、改编而来，为了推进传统戏曲剧目工作发展，有必要让广大戏曲作者参考研究这些书籍，为此，决定从它们之中筛选一部分，编一套“传统戏曲、曲艺研究参考资料丛书”出版，这个申请得到了新闻出版署批准，限量发行。这些书籍印数大，又不用给作者付稿费，所以是净赚不赔。这是国家给予我社的极大的政策性优惠。

第二版块，是美术编辑室编辑的连环画（小人书）、年画（分四条屏与单幅年画）、挂历等等。在那十年中，出版这三种美术读物的出版社，北京共有三家：人民美术出版社，中国电影出版社和本社。但三者中，我社有独特的优势。人美的这些作品，都是由画家画的，因而成本高。电影出版社的，则是从电影或电视连续剧上翻拍下的照片制作的，经过翻拍的画面清晰度与色彩均已大打折扣，美术的质量受损，降低了美感和艺术魅力。而我社的这些读物的画面，都是直接照相取得，是原创版制作，故清晰、美观、色彩鲜艳，读者爱看、爱买，而且成本不高，比以人工绘画、付高稿酬要便宜多了。尤其是，在印制年画戏曲四条屏和单幅画方面，我社有独家创新。当时，改革开放初期，新电影少，电视剧更少，话剧不易从城市下乡，因此，全国城乡以戏曲剧目独大。而戏曲舞台演出又往往不用布景，只用一块灰布作背幕，演员围绕“一桌二椅”作虚拟表演表示出不同的场景环境。这样的画面用照相机拍摄下来，就极其简陋、灰暗，是不能作艺术品的。为此，我们创造了“实景拍摄法”，即请剧团演员化好妆后，到剧情所需要的真实的亭台楼阁、真山真水中去拍摄，如曾请北京战友京剧团拍摄《四郎探母》，就是剧团开车到北京西山八大处公园去拍的。这实际等于我们给剧团一定的“协作费”，请他们到实景场地给我社演一场戏。这和现场拍电影一样，画片美观、鲜艳、丰满。我社拍摄出版的一套戏曲四条屏，经新华书店发行部门一看，就要了 44 万套。1981 年，以豫剧四大名旦之一的马金凤为团长的河南洛阳市豫剧团，在河南上山下乡。进城巡回演出两个多月，积累了 4 万多元，才够进北京演出的费用。而我社用她的《对花枪》剧目拍了一张单幅年画，竟一下子就净赚 5 万元，相比起来，比他们剧团赚钱容易得多啊！

同时，我抓产品的高质量。如关于连环画（小人书）的文字脚本，日本人常把这种通俗读物当作学汉语的读本，所以我既要求脚本准确、完满体现剧情内容，又要求文字流畅、优美，否则，绝不采用。如陈白尘同志改编的《阿 Q 正传》在南京上演，我就请他本人写脚本；他本人因故未写，他就转托他的高徒，另一位青年作家写了。如京剧《十三妹》是城乡群众熟悉爱看的戏，若脚本写好是会有大印数、多赚钱的，但我社一位编辑邀的作者写的水平很低，损害了剧目本身，因而我决定不用。我社连环画，虽是照相拍摄，但不是用彩色底片拍摄、印制，因那样成本太高，读者买不起，因而得用黑白照印制。即使如此，我要求摄影者要尽可能运用拍电影的技法，讲求“推、拉、摇、移”，远景、中景、近景、特写，俯拍、仰拍等，使画面有多角度变化，耐人寻味。

由于出书好，赚钱多，我社和电影出版社成了北京两家并驾齐驱的、社会效益和经济效益双丰收的出版单位，1985 年度税后纯利润高达 128 万元之多（根据当年会计账记录抄下，绝对属实）。若以今天物价折合，至少也接近 1400 ~ 1500 万元了。这是全社各个部门同志共同奋战的辉煌战果。写到这里，我对当时全社同志（包括部分已逝者）有深沉的追恋与敬意！至于那十年间，全社共出多少种书与画，共赚多少钱，因今天来不及查阅旧账，无法提供任何数据，现在只能回忆几件大事以明之。

本社除每年向国家上缴利润（后改缴税）外，同时另向剧协交一定款项，供协会开支。如补贴协会几个刊物的经费不足，剧协召开某些会议及重要活动的经费不足等。这个数目在前几年比例相当高，到后几年逐渐减少到百分之六、七。出版社出资在北京西单附近惜薪司买了住宅房，供剧协和出版社人员统一分配使用。出版社接收了一家小印刷厂，并对京郊的“彩虹”印刷厂以低息贷款给予扶持。出版社捐资 5 万元给剧协北京分会开办《北京戏剧报》，给中国文联捐资兴建位于什刹海南侧的文艺之家。在这十年中的前几年，社会物资贫乏，每逢过年过节，出版社出资购买大批过年食品，给协会人员分发，改善大家生活。那时有的年份，出版社内部人员每年分得的福利、奖金等，竟平均达到五六百元之多，相当于年轻人几个月的工资，解决了大家很多困难。后来出版社购置了大钟寺房产，这房产经过拆迁，变成我社现在紫竹院路的社址，在中国文联各出版社中，成为唯一拥有社址房产的单位。

而1987年，我社破天荒隆重举行大会，庆祝本社建社30周年，及我社副牌老字号宝文堂成立120周年，社内人员均感扬眉吐气，自信而自豪。

至此，我还想再说几句。

我原是创作室的专业作者。1955年在全国清查“胡风反革命集团”运动中，被定为“胡风集团分子”。1978年，赵寻、贺敬之等同志领导恢复剧协，我被调回参加筹备工作。1979年剧协重建后，任研究室副主任。1980年2月，我的“胡风分子”冤案彻底平反前后，赵寻同志要我担任剧协书记处书记，待以后成立党组，任党组成员。对此，我回绝了。赵寻见我坚辞不从，便不勉强我了。但他还是派我去办出版社。剧协第五次剧代会后，张颖同志主持工作。她调整协会各部门领导人时，调王正同志来任出版社社长，要我担任出版社总编辑。同样，我回绝了。张颖无奈，只好同意了。大约在1987年时，刘厚生同志具体主持协会全面工作，曾征求我意见，让我担任协会党委书记。我也一口回绝了。

就这样，我在剧协有了“辞三官”的经历。这说明，对我这经冤案被平反的人，历届领导是重视、提拔的，只是我个人思想性格的局限，只愿意做业务工作，没有接受领导人的好意重用，对于他们对我的信任，我是非常感谢的。

难忘的二十七年
——我与戏剧出版社

曲六乙[1]

1957年1月1日，中国戏剧出版社正式挂牌成立。在成立大会上，中国剧协主席、杰出戏剧家田汉老作为出版社第一任社长讲话：我们出版社是世界上唯一戏剧专业出版社，这是因为我们中国是世界戏剧大国，光戏曲剧种就有300多种……。（大意）

这些话使大家感到无比自豪，使命感油然而生。

社领导有副社长兼总编辑葛一虹，他是三十年代著名戏剧家、翻译家；副总编辑孟超，他是三十年代太阳社著名诗人兼戏剧家；编辑部主任陈北鸥。

编辑部有戏剧组和外国翻译组。编辑力量很强，胡忌，古曲戏曲专家，著有《昆曲发展史》；杜高，富有才华的话剧作家、惜因“莫须有”的所谓“吴祖光小家族集团”，错划为右派，实在令人痛心。蔡时济、汤茀之都是翻译名家。董恒山，艺名董维贤，是京剧“维”字辈小生演员，后做宝文堂书店编辑。是他最早建议将宝文堂并入出版社。它出版的64开本小唱本，被誉为“鸡蛋

① 曲六乙：原中国傩戏学研究会会长，中国少数民族戏剧学副会长，曾任中国戏剧出版社副总编辑。

书”（一个鸡蛋可以换一本书），深受广大底层群众欢迎。出版社把它作为副牌子出版普及书，使自己接了地气，拉近了同工农大众的距离。

与建国头十多年戏剧事业蓬勃发展相适应，出版社出版了许多优秀剧本和理论著作。郭沫若《蔡文姬》、欧阳予倩《黑奴恨》、老舍《茶馆》、胡可《槐树庄》、陈其通《万水千山》等相继问世。另有海默《洞箫横吹》、岳野《同甘共苦》、杨履方《布谷鸟又叫了》、陈其通《同志间》等，它们分别批评领导的官僚主义、假大空或触及了人性的复杂性而受到批评和责难。我们坚持了毛主席“百花齐放，百家争鸣”的方针，照样出版不误。

理论和表演经验方面则出版了《中国话剧五十周年纪念文集》《中国古典戏曲论著集成》（十卷集）和梅兰芳、周信芳、程砚秋等的文集。一代武生大师盖叫天的《粉墨春秋》则成了一印再印的抢手货。

总之，出版社基本上反映了中国这个“戏剧大国”在戏剧创作与理论方面的繁荣景象，初步展示了世界唯一戏剧专业出版社的风采。

作为出版社发展的第二个时期的起点，是在1961年三社（中国戏剧出版社、作家出版社、人民文学出版社）的合并。这是中央宣传部为适应与缓解三年困难时期的措施。当时合并时达成的协议是，戏剧出版社在人民文学出版社中只保留一个戏剧编辑室；中国剧协在业务方面负有指导责任。出版书籍仍以中国戏剧出版社名义出版。戏剧编辑室由副总编辑孟超领导，室主任李庶、副主任欧阳柏。原戏剧出版社的编辑只有我和赵光远。新加入的编辑则有吴钧燮、吴启元、聂文杞和谭家昆。编辑力量有所增强。

1963年两个批示后，戏剧创作的“三并举”方针发生突变。描写工农兵的现代戏成为唯一出版对象。话剧《千万不要忘记》成为宠儿，因为它批判了所谓的“阶级斗争熄灭论”。“王侯将相，才子佳人”作品则被打入冷宫。记得我负责组织专家翻译即将失传的古本《八大藏剧》，它以藏族传统说唱文学“喇嘛玛尼”为基本特征，对探索藏剧文学的源头和发展有着极其珍贵的历史价值——竟被冷处理，束之高阁。编辑注意力开始集中于京剧样板戏的出版。这便进入“八亿人民看八个样板戏”的荒唐年代。

1964年京剧现代戏汇演刚结束，周扬在总结大会发言之后，康生突然发言，大骂田汉新编历史京剧《谢瑶环》、孟超新编昆曲《李慧娘》反党反社会主义。人们预感戏剧的创作与出版开始进入令人寒慄的“冰川时代”。

老社长田汉原在1957年曾发表《为演员的青春请命》的文章被打成“大毒草”，竟受到莫名其妙的严厉批判。如今又出现谢瑶环“为人民请命”的反党“大毒草”，他最终惨死于“文革”初期的批斗会。副总编孟超则在“文革”期间遭到社内多次批斗，红卫兵的辱打，加上年老多病，郁郁离世。而我则因为写过“吹捧”《李慧娘》的文章（另有吹捧吴晗《海瑞罢官》的“毒草”），被打成孟超反党集团的骨干。戏编室内四位优秀编辑则被打成孟超的“四大金刚”。那时全室的编辑人员才不过八名。因之编辑业务工作处于“停摆”状态。但“文革”期间八亿人民看八个样板戏的“盛况”，不能不密切配合，出版了全部样板戏的精装本。

“文革”后期，编辑室人员锐减：一人自杀，一人病亡，二人调出，一人长期病休。我则处于“半解放”状态。为补充人力，调来主任张为、副主任李宝云；编辑季定洲、金国亮、赵德臣、陈玉玲。工作难以开展。有时派人去外地观摩工人业余演出活动，组稿困难。实际仍在“停摆”。

“四人帮”覆灭，十一届三中全会召开，历史翻开新的一页。戏剧编辑室结束了“寄人篱下”的生存困境。中国剧协领导刘厚生、赵寻来文学出版社，交涉戏编室回归中国剧协，欢迎同志们“回家”（剧协），参予出版社的恢复工作。

但是我们回了家却没法安“家”，只好占用东四八条52号原戏曲研究院的四楼大礼堂。舞台上下用木板分割成十数个鸽子笼。冬天阴冷也罢，夏天却热得难挨，但全社人员在剧协领导刘厚生（兼社长）的领导下，干劲十足。

副社长兼总编陈默，副社长杜高、李湜，副总编辑鲁煤、杨知，我则兼任编辑部主任。编辑人员来自四面八方。至今仍记得的有：杨景辉、周明、苏明慈、周育英、金国亮、杨锦海、张镕、刘国彬、曹其敏、郑光赛、朱以中、刘建芳等，他们各有专长。编选了曹禺、田汉、老舍戏剧集和出版《中国戏曲通史》《中国京剧史》《京剧剧目辞典》《川剧辞典》都属大工程。戏剧创作方面则出版了《于无声处》《报童》《绝对信号》《东归》《二月天》《酒魂》《满都海》《铁血女真》《魂系黄龙府》等，它们恰似雨后春笋，争相破土露芽，献给广大读者。

1981年计划出版一套地方戏曲剧种史，由我负责在北戴河召开相关座谈会，与会有十多省的地方戏曲史家。会议正进行时，我的姐姐从家乡发来电报，老母于上午逝世，催我回家奔丧。我强忍泪水离开会场，挂了长途电话，说明会议由我一人主持，不能中途请假。深夜我一人独立海边，遥望家乡方向，请老母原谅不孝的儿子。三年后，《粤剧史》《滇剧史》《评剧史》《河北老调史》等一批剧种史陆续出版，我的内心稍有慰藉。

出版社的新书不断上市，其中以宝文堂名义出版的传统演义或武侠小说《杨家将演义》《三侠五义》《施公案》《包公案》《海公大红袍》等甚是畅销。由美术组组织现场拍摄优秀剧目演出的64开本“小人书”，也很受读者欢迎。这两个品种的新书赚了不少钱。但出版社财务开支大，资金仍然周转不灵，面临迟发工资、欠债印刷厂的窘境。这时我想起了香港出版的金庸新武侠小说，当时北京只有建国门外友谊商店可以用外汇券购买。一般读者难以买到。我到财务科朱彭馨处借了足够的外汇券，派人去买了《天龙八部》《倚天屠龙记》《鹿鼎记》三部（每一部四集），动员大家审读，一致认为不存在什么“政治障碍”，便征得剧协领导同意后决定抢先在大陆出版。为了克服印制资金的不足，我联系了辽宁省剧协分会项治同志、广西自治区艺术研究院顾乐真同志，各担当一部由当地印制。首次发行获利平分。我出版社只印一部。不出所料竟畅销全国。两年内连印三次出版社获利甚丰。几年后出版社搬至大钟寺购房所需巨款便顺利解决。据了解实情者反映，后几年出版社每遇资金财务困难时，便再版一次金庸小说。金庸想象不到，他的武侠小说竟能多次挽救一个出版社的财务危机。

1983 年出版社的命运出现了插曲。剧协一位领导即将上调中国文联任职，这是喜事。不久传出一个信息，他要把出版社带到文联成立文联出版公司，这招致大家的反对。总编辑陈默同志为此“默”了一句话：“这是把出版社当嫁衣带走”。不久，出版科送来一本要我签字同意发行的新书（书名忘了），我瞟了一眼封面下方竟印着“中国文联出版公司（中国戏剧）”，我这才猛醒：封面上以“（中国戏剧）”取消“中国戏剧出版社”社名。

从 1957 年到 1984 年，度过 27 周岁的中国戏剧出版社，差一点被夭逝。但副社长还是带走十多个出版人员到文联，为成立文联出版公司输送了人才。后来葛小刚等数人又重新回到戏剧出版社。而宝文堂这个戏剧出版社的副牌则被文联要去，改名大众出版社，从此宝文堂这三个字消失了。

1984 年夏，剧协调我到研究室工作，从此结束了我在出版社长达 27 年之久的工作历史。掐指算来从 27 岁到 47 岁正是年轻精力旺盛的时期，可以说，我把自己的青春贡献给了出版事业，而在这 27 年间，出版社则把我锻炼、培养成一个比较成熟的编辑，不论艺术素养、文字水平或编辑业务都有了较大提高。很自然，对出版社有了相当深厚的感情。虽然离开了出版社，但经常打听她的信息。如，大钟寺买的房子被拆迁，出版社临时寄居到灯市口空政文工团院内，尔后又相继搬到嘉豪国际中心……这种颠沛流离的不断搬迁，实在难为了各部门坚持工作的同志们。但他们仍能坚持约稿、编辑、出版了不少很有价值的获得国家奖励的优秀书籍，如《梅兰芳全集》“中国戏曲艺术大系”等等，包括我在出版社工作时曾经想出版而未能如愿出版的一些选题。为此，我对他们长期艰苦努力取得的成就表示敬意。

否极泰来，厄运过去，吉星当头。2016 年初中国唱片总公司伸出援手，发出真诚的善意，迎接出版社入居在总公司一幢小楼的二层。天哪，出版社从 1957 年元月寄居在王府井大街 64 号文联大楼之后，先后搬迁了六七次，尝尽了颠沛流离的苦头。如今算是真正有了一个稳定的家。

第一位社长田汉老在出版社成立时说的，戏剧出版社是世界上唯一的戏剧专业出版社。展望未来，我相信在中国唱片总公司的关怀下出版社将会获得更好的发展。

一颗赤诚的心

季定洲[①]　杨景辉[②]

中国戏剧出版社，成立于1957年1月1日。第一任社长是田汉，副社长为孟超和葛一虹。1960年，并入人民文学出版社，对内为“戏剧编辑室”，对外仍保留“中国戏剧出版社”的牌子。1979年恢复建制，隶属于中国戏剧家协会。同时，重建老字号宝文堂书店（建于1862年，即清同治元年），作为中国戏剧出版社的副牌。

“文革”后，王正同志调剧协工作，任剧协书记处书记。从1985年起，分管戏剧出版社，先兼任总编辑（当时的社长是刘厚生），后兼任社长和总编辑，1989年底离开了岗位。这4年，是戏剧出版社历史上最辉煌的时期。

据不完全统计，自1986年至1989年6月，戏剧出版社（包括以副牌宝文堂书店的名义）出版的图书共244种，其中戏剧专业书183种，非专业的普及读物只有61种。这244种图书的出版，集中体现了他的办社宗旨和编辑方针：既重视优秀传统戏剧文化的积累，又能适应时代发展的需要，具有鲜明的创新、开放的意识。

---

① 季定洲：中国戏剧出版社原副总编辑。
② 杨景辉：中国戏剧出版社原副总编辑。

对传统戏剧文化，他是有远见卓识的。在这4年中，他主持出版的传统戏剧文化方面的重要图书有：《清代燕都梨园史料》（上、下）；尤其是荟萃各少数民族优秀戏剧文化传统的“中国少数民族戏剧丛书”更是引人注目，已出版的有《广西卷》《新疆卷》《四川卷》《青海卷》《云南卷》《贵州卷》等。研究传统戏曲文化著作的出版物更加突出，颇具规模的“中国戏曲剧种史丛书”，已出版的有：《粤剧简史》《昆剧发展史》《柳子戏简史》《中国京剧史》等。其中《中国京剧史》《昆剧发展史》在戏剧界、出版界产生很大影响，多次获得国家级的重要奖项。此外，还出版了《京剧剧目辞典》《中国戏曲剧种手册》《简明戏曲音乐词典》等颇有价值的工具书。本来还计划编辑出版《中国戏曲脸谱大全》《全元曲》等对民族文化积累有重要价值的图书，终因出版经费紧缺，未能如愿。

在话剧方面，陈白尘、吴祖光、杨村彬、吴雪、梅阡等戏剧界的政协委员于1985年向全国政协提出出版《中国话剧大系》的提案，内容包括：“话剧剧本，话剧各部门的评论及理论著作，话剧作家、艺术家传略，话剧史专著，话剧史料（包括话剧社团、院校、运动情况等各方面的史料）、索引，话剧艺术及话剧运动史料图册”等。这是一项全面地、系统地总汇话剧历史成果的、成龙配套的、规模庞大的编辑出版工程，得到王正和刘厚生（当时任社长）及相关同志的全力支持，但也是因资金难以解决而告吹。

这一倡议虽然没有实现，但是在王正的领导下，采取化整为零的策略，出版了一大批展现话剧历史重要成果的图书。

除了继续完成《田汉文集》、“中国现代作家作品资料研究丛书（戏剧部分）”的出版任务外，出版了两部具有里程碑意义的图书：《曹禺文集》和《中国现代戏剧史稿》。此外，还出版了诸如《中国早期话剧选》等具有重要史料价值的图书。

《曹禺文集》的出版，经历了一个曲折的历程。本来，在此之前，曹禺不同意戏剧出版社出他的书，后来经张颖（当时任剧协书记处书记）、王正、田本相（《文集》主编）以及责任编辑的共同努力争取，终于同意戏剧出版社出版他的《文集》。然而，当第四卷出版后，由于众所周知的原因，这部巨著却半途而废，后三卷至今不能与读者见面。由此带来的损失，是无法挽回的。

《中国现代戏剧史稿》，陈白尘、董健主编。当时，人民文学出版社作为高等院校文科教材，已向陈、董二位约稿。王正为了争取这部书稿的出版权，亲自给陈白老写信，加上编辑部有关同志的努力，使这部著作得以作为戏剧出版社的重点书很快面世了。这是建国后出版的第一部全面地、系统地论述中国话剧的产生、发展的戏剧史书。它坚持历史唯物主义的观点，对话剧史上各个时期的作家作品、创作现象、戏剧思潮、戏剧流派等各个方面，实事求是地作了重新审视、考察，然后进行了符合历史实际的、颇有分量的评论，使其在同类著作中显示出它的权威性，从而荣获全国高等学校优秀教材奖。

为了积累当代优秀的戏剧文化，鼓励有才华的中青年剧作家的创作，王正特意主持编辑了一套“当代剧作家创作丛书”，已出版的有《方洪友剧作选》《赵寰新剧作选》《白峰溪剧作选》《赵羽翔剧作选》《郝国忱剧作选》等。这套丛书在戏剧文学界产生了很大的影响。

王正的戏剧观，具有鲜明的时代特征。他继承传统，又不拘泥于传统，始终坚持探索、创新、进步的道路。在新时期的戏剧艺术由模式化转向多元化的进程中，他作出了特殊的贡献。他不但在自己的创作实践中，写出了《双人浪漫曲》《月光摇篮曲》这样诗意盎然的具有鲜明个性、独特风格的剧作，而且还全力支持富于探索精神的创作。在编辑出版上，也同样表现了他的这一特点。如这一时期戏剧出版社出版的《有争议的话剧剧本选集》（一、二）、《戏剧观争鸣集》（一、二）、“戏剧文化探索丛书”等图书就突出地体现了他支持探索、创新的精神。

《有争议的话剧剧本选集》，选入了20世纪80年代戏剧界争议较大影响较广的剧本。它们是:《明月初照人》《马克思流亡伦敦》《哥儿们折腾记》《吴王金戈越王剑》《马克思秘史》《车站》《小井胡同》《街上流行红裙子》《野人》《WM(我们)》等，并编入了争论双方有代表性的文章，为剧作家、研究家以及对此感兴趣的广大读者，提供了一套难得的原始材料。

《戏剧观争鸣集》，反映了20世纪80年代戏剧界关于“戏剧观”的一场大辩论。通过这场辩论，打破了在话剧文学创作上模式化了的现实主义、舞台艺术上斯坦尼斯拉夫斯基体系一统天下的局面，大大地拓宽了、丰富了话剧艺术发展的道路，这是戏剧观念革新的一次飞跃。本书选编了数十位包括剧作家、导表艺术家、戏剧理论家等各个方面的作者，从美学、心理学、哲学、社会学以及观众学等不同的角度，围绕戏剧观念的新变化、戏剧美学思维、戏剧审美、戏剧文化及戏剧现状、生存等问题，展开了深入的讨论和争鸣。它的出版，为戏剧的探索、革新提供了理论的依据。

“戏剧文化探索丛书”，这一选题是在王正上任前已确定了的，曾得到刘厚生、杜高(前任总编辑)的关心和支持，并对编辑工作提出了许多宝贵的意见。具体负责这套丛书的副总编曾在北京、上海召开过数次座谈会，得到许多戏剧理论家的极其热情的支持。原来丛书名为“戏剧理论小丛书”，余秋雨建议改为“戏剧文化探索丛书”，大家都觉得改得好，遂采用此名。王正上任后，对这套丛书十分重视，很快确定了它的编辑方针:“在马克思主义的指导下，注重新学科、新观点、新方法、新材料、新角度;即可从宏观把握，又可以微观透视。丛书不同于知识性读物，它具有学术性，并力求做到观点鲜明，论据充分，文字顺畅，具有可读性。”王正在丛书的《前言》中最后说:“团结、探索、创新、进步——这就是中国戏剧出版社编辑出版‘戏剧文化探索丛书’的一点心愿。”为了加强领导，专门成立了丛书编委会，王正亲自担任主编，有关的副总编、编辑室主任担任编委。在王正的直接领导下，很快出版了第一批著作。它们是:《戏剧符号学引论》(胡妙胜)、《中国戏剧的困惑》

（孟繁树）、《戏剧本质论》（金登才）、《戏曲学特征的凝聚变幻》（吴乾浩）、《三大戏剧体系审美关系初探》（康洪兴）、《作为演出艺术的戏剧》（李春熹）等。然而，十分遗憾，这套丛书后来未能继续出版。

王正一方面注重民族的优秀传统戏剧文化的积累，一方面面对现实，从话剧艺术探索、创新的需要出发，积极引进世界优秀戏剧文化。在他的任期内，出版了一大批引人注目的外国戏剧图书。如《西方现代戏剧流派作品选》（一、二、三）、《外国当代剧作选》（一、二、三）、《简明世界戏剧史》、《世界戏剧艺术欣赏——世界戏剧史》、《苏联话剧史》、《现代戏剧理论与实践》（一、二、三）；“世界戏剧名人传记丛书”，已出版的有《阿瑟·密勒评传》《莫里哀传》《布莱希特传》《梅耶荷德传》《西恩·奥凯西传》等；“外国著名演员传记丛书”，已出版的有《阿兰·德隆传》《伊丽莎白·泰勒传》《凯瑟琳·赫本传》《蓓蒂·黛维丝传》《西蒙·西涅莱传》《简·方达传》《约翰·吉尔古德传》《琼·克劳馥传》《马龙·白兰度传》等。这些书，引起广大剧作家、戏剧艺术家、戏剧理论家浓厚的兴趣，至今还供不应求。

此外，以“宝文堂”副牌出版 的普及读物，也是很可观的。如“传统戏曲、曲艺研究参考资料丛书”“外国文学名著普及丛书”《格萨尔王全传》《京剧见闻录》《齐如山回忆录》等，就很受读者的欢迎。

以上谈到的，只局限于王正对戏剧图书的编辑 与出版方面的贡献。戏剧出版社历史上“王正时期”的辉煌的表现是多方面的，本文由于篇幅的限制，不可能作全面的回忆了。可以说，衡量一个出版社水平高低的标准，主要看它的出版物。从上面所述，足以说明王正对戏剧出版事业所做出的很不平凡的贡献了。

其实，作为剧作家的王正在进入戏剧出版社之前，对出版工作（尤其是管理）并不熟悉，然而他靠什么力量使戏剧出版社走向自己的历史的高峰？我们认为，最关键的是他对党、对人民、对戏剧事业、对戏剧出版社、对同志、对朋友有一颗赤诚的心，由这颗赤诚的心而产生极大的凝聚力，把全社同志紧密地团结在自己的周围，充分调动每个成员的积极因素。在此期间，戏剧出版社里几乎看不到社会流行病“窝里斗”现象，“人心齐，泰山移”，还有什么困难不能克服？还有什么高峰不能攀登？

王正的人格的魅力，还表现在许多方面，譬如对公与私的关系，他总是先公后私，公而忘私。在他当社长期间，正是他戏剧创作的旺盛期，他毅然搁下自己的创作，全心全意放在戏剧出版事业上。他甚至主动放弃“铁饭碗”，把自己的行政关系从剧协转到自负盈亏的出版社，与全社同志同甘苦、共命运。这是一种何等可贵的牺牲精神啊！又如对人与人的关系，他总是严于律己，宽以待人。有时，在工作中的某个失误，本应是他人的错误，他主动承担责任，从不伤害他人。如此等等，感人的事迹不胜枚举。

王正在他60大寿时写过这样一首诗：

人生如优伶，粉墨投尘海。
悲剧连喜剧，正派忽反派，
演戏还看戏，上台又下台，
匆匆走马灯，烟云六十载。

这首诗，真实的概括了他那曲折而丰富的一生。我们曾套用这首诗，作了如下的一副挽联：

悲剧连喜剧悲喜皆美，上台又下台上下俱善。

谨以这幅挽联表达我们对他怀念之情。王正同志永远活在我们心里！

一段美好而温暖的回忆

李宝群①

2014年底，我得到了中宣部“四个一批人才”专项资助资金，准备将三十年来创作的剧本结集出版。此前，我一直没出过剧作集，有这样一个机会，自然要认认真真做好这件事。但交给哪一家出版社呢？挑来选去，我选中了中国戏剧出版社，并有幸结识了樊国宾社长。

我与国宾一见如故，交谈甚欢。他为人低调不喜张扬，但谈吐儒雅时现锋芒。他有优秀学者的见识和学养，对很多艺术问题观点鲜明，不人云亦云，让我敬重。他也有北方汉子的爽快和麻利，办事不磨磨叽叽，说话不绕来绕去，更让我喜欢。“你的戏我看过，这套剧作集早该出了，而且就该由戏剧出版社出。我们全力以赴，不做则已，做就要做成国内一流的好书”——他快人快语，我也不再犹豫：这套剧作集就由戏剧出版社做了！

接下来的日子，我和国宾社长，责任编辑王松林经常碰面，成了非常好的朋友。前期策划，我们一起讨论剧作集的总体方案，基本定位，整体效果，仔细商定每个细节；后期稿子排版、校对，我们又一起发现问题，严把质量关，

① 李宝群：当代著名剧作家，总政话剧团业务团长。

力求少留一些遗憾，尽最大努力做到最好。

这本书真的按国内一流好书的标准做了。出版社上上下下投入了很多精力，精心设计，精心编辑，精心印制……仅书的封面就先后设计了十几套方案，一次次推倒重来，优中选优。选入书中的剧本也是反复挑选，反复商议，最后确定下来的，校对工作也异常认真……

这期间，我经常提出各种改进意见，出了很多难题，希望他们研究解决。国宾一如既往的爽快："这事交给我们办，我马上开会研究"，"放心，我尽快想办法解决"，"我让松林马上去你那儿，听你的具体意见。"王松林更是不厌其烦，一次次风尘仆仆地赶来，认真听我的想法，与我商议具体改进方案。他匆匆来匆匆去，留下的是他那奔波中的清瘦背影。

临近开机印制，我仍不断提出改动意见：撤下某个剧本，换成另一个剧本，删去某个段落，增加新的台词……这给出版社带来了很多麻烦，他们却说："没问题，只要能出本好书"。

戏剧出版社在戏剧界、出版界赫赫有名，他们却如此认真，如此敬业，如此高标准，着实让我感动。有这样一班人这样倾心投入地做这件事，真是我的幸运。这家出版社找对了！

2015年年底，冬雪飘飘，剧作集如期出厂，很快，好评如潮。著名学者马也和好多朋友给我打电话发微信，称赞这套书内容丰富，设计讲究，印制精美，在艺术类书籍中堪称一流。一些酝酿出书的朋友纷纷来电咨询，想与戏剧出版社合作；一些剧团计划排演其中的剧本。剧作集面向全国发行，被很多大学的图书馆收藏，连北京人艺的戏剧书店也上架出售了……

多年来，出版剧作集一直是我的一个梦，这梦成真了！我内心充满了喜悦和感激！

我决定请戏剧出版社再出版一套两卷本的评论集。国宾欣然同意，立即组织力量，投入紧张的编辑、设计工作，依然那么尽心尽力。国宾亲自担任其中一卷的主编，并就我的创作写了一篇十分精彩的评论文章。不久，评论集也面世了，再获各方好评，人们交口称赞。

与戏剧出版社的合作非常愉快，能与“对的人”合作，一起做件“对的事”，真是快哉！

在我眼中，樊国宾和他的伙伴们组成的出版团队是极值得期待的一股力量。他们年轻却不稚嫩，充满热情却不失严谨，朴实无华却相当专业，他们的观念、思维很现代却从不胡来，尤其可贵的是他们不浮不躁，不甘平庸，总是渴望出版第一流的图书，渴望成为中国第一流的出版社。这渴望，不是挂在他们嘴上，是深藏在他们心中的，他们正在为之不懈奋斗。

接触多了，我才知道，他们出版过许多好书，《夏衍传》《波兰戏剧史》……这些书都是我和我的朋友最爱的精神食品。他们还长年出版一本品质不俗的艺术杂志《戏剧与影视评论》，深受戏剧人欢迎。他们还有很多计划，将不断推出更多新书好书以推动当代艺术发展。

在这个浮躁的社会里，有这样一群人，有梦想，有追求，脚踏实地走在路上，殊是难得。

再过多少年，我都会记住樊国宾和他的同事们，记住中国戏剧出版社，记住我和这群出版人在一起的那些日子，一切的一切都将化成美好而温暖的回忆……

时光荏苒　岁月留香

李宝云[①]

中国戏剧出版社自1957年建立至今已走过了六十个年头。六十年来出版社经历了风风雨雨，命运多舛。建立不久，便被合并到人民文学出版社，变成一个戏剧编辑室，出版社的建制被取消。直到1980年才又正式恢复了中国戏剧出版社的建制。

中国戏剧出版社恢复时，启动资金很少，没有办公地点，栖身在东四八条中国戏剧家协会办公大楼四楼的礼堂，台上是编辑部，台下是行政、出版、校对、发行各部门，全社三四十人，济济一堂，很是热闹。但是好景不长，过了两年多出版社又遭遇了一次大的变动，将极有限的资金、人员一分为二，分出去又成立了一个文联出版公司。

否极泰来，戏剧出版社经历了这次重创之后平静下来，为了生存、发展，留下来的同志变得心很齐，很团结，干劲很大。首先，为了更好地开展业务，全社从一个编辑部，扩展为话剧、戏曲、外国戏剧、美术编辑室，吸纳了新的编辑人员，大家开动脑筋，积极联系各方面的专家学者，听取他们的意见，

① 李宝云：原宝文堂书店经理、中国戏剧出版社编审。

开拓选题。慢慢的选题丰富了，业务面拓展了，逐渐地形成了自己的品牌出版物。从1984年到80年代末，出版社每年出版戏剧专业图书几十种，其中不乏获得各种类、各级别奖项的图书，这些图书至今仍有相当的影响和好评。同时，出版社还负担着《戏剧报》《剧本月刊》《外国戏剧》等刊物的出版。专业图书和各种刊物均是非盈利的，为此出版社每年要投入几十万元。那几年出版社扩充选题，出版了说部、武侠小说、戏剧年画、戏剧摄影连环画等，虽然这些只是一般的文学图书，但它们满足了那个年代的社会需求，成为受广大读者欢迎，有较大社会影响，给出版社带来较好的社会效益和经济效益的产品。说部和武侠小说不断再版，有的印数累计过百万册，年画和连环画的印数更是可观，单个品种一次最高印数甚至达到百万以上。中国戏剧出版社作为一个只有四十多人的小专业出版社，平均每年净盈利达到一百万元左右，为戏剧事业作出了较大的贡献，可以说那是出版社历史上最辉煌的时代。

当时正值改革开放，大家憋了多年的工作热情一下子释放出来，同志们上下一心，团结一致，干劲十足，大家不计报酬，拼命工作，气氛非常融洽。那几年图书品种多，印数大，发货量大，发行部的同志工作非常辛苦，每天都在打包送货，到了秋季为发年货，更是要加班加点经常夜战，大家无从怨言。当时我分工负责经营管理，同志们的工作热情和工作干劲使我非常感动。有一天夜里12点左右，我用自行车驮着刚刚炖好的一锅排骨和馒头，从家里走到工作现场和他们一起干活，看到吃完宵夜的他们有说有笑地重新投入工作，一直干到天光大亮，打好包的图书堆得像小山一样，任务完成了，大家终于舒了一口气。我看着那一张张满是倦容的脸，心里有些发酸，为有这些一心为社、不知疲倦辛劳的战友感到欣慰和自豪。

记不准是1985年还是86年了，年画征订样本的印制出了问题，还有不到三天就要发货才发现目录有错误，必须要换。如果不能赶上全国订货会，几十个年画品种，几百万张印好的成品就要压在手中，一年的大部分经济收入就要泡汤。当时和社长王正、副社长季定洲商量怎么办，顾不上对负责此项工作的同志批判，决定请工厂赶快重新印了目录，动员当时在社里的同志尽可能地抽出来，参加更换目录的抢救工作。大家听说此事后，不管是50多岁的老同志，还是年轻的同志，都停下手里的工作踊跃参加。当天下午这二十多人赶到的印刷厂，立即投入更换黏贴目录的工作，晚上就在村镇的小饭馆草草吃了饭，大家就又开始了紧张的夜战。夜里有谁实在熬不住了，就趴在工作台上眯上一小会儿，就这样一直干到了第二天的上午，终于把三四百本订货样本的目录保质保量地更换完成，按时送出参加了订货会。

还有一件事很值得回忆。记得有一年全社属龙的人自发组织起来过龙年生日，从二十多岁到五十多岁，大约有将近二十个人，聚在司机小吴的家里。这些人分属各个部门，并日虽有接触，但多是工作来往，彼此并不是很熟悉，但此时大家边吃边喝，有说有笑，对老同志恭恭敬敬，年轻人亲亲热热，在那一刻就算是平时有些小矛盾也都化解了，大家的关系拉近了，不仅是同事，更像是亲人，那种人与人之间的团结一心，和谐融洽、视如一家的气氛，至今回忆起来仍觉得心里热乎乎的，令人终生难忘。

常说家和万事兴，一个家庭如此，一个单位也是如此。戏剧出版社虽然经历过不少坎坷，但仍然顽强地走到了今天，虽然在经济大潮中起起伏伏，但并未沉没，仍然顽强地屹立在出版事业的大军中，不但生存着，还在发展着，由于一代一代的戏剧出版事业者的坚守，我相信，中国戏剧出版社还会走向更加辉煌。

60 周年社庆感言

吴 越[①]

我的本行，是语文研究。六十年前的 1956 年，曾参与创办了文字改革出版社 (今语文出版社)。这家号称“中央级”出版社成立之初，编辑部只有总编辑倪海曙老师 (是他把我从上海调来北京) 和我两个人。我的长项，是编写各种用途的汉语拼音课本。五十年代，我编写的各种汉语拼音课本，印数都上几百万，最少的也有几十万，最多的一本《农民用拼音课本》，就印了 5000 万册。单是这一本书，以每本赚一分钱计算，就是 50 万。仅仅用了 40 万，就盖起了现在朝内南小街的语文出版社大楼。这在当时，就算是相当“现代化”了。

对于戏剧，我是个门外汉，一窍不通。我之所以调到了中国戏剧出版社来，不是来搞戏剧的，而是来搞文学的。

20 世纪的 70 年代，我在北京市公安局所属的劳改农场——清河农场四分场当电工，相对而言比较空闲，就利用“业余时间”写了一部 200 万字的长篇历史文化小说《括苍山恩仇记》，讲的是清代同治年间浙南山区的一次官逼

① 吴越：中国戏剧出版社原副编审。

民反。那时候，李湜同志在三分场当炊事员。通过朋友的介绍，他把我写的小说拿过去看了，评价和结论是：小说写得很好，在港台出版一定畅销，可惜在中国大陆永远也出版不了。

没有想到的是：不久，我和他都落实政策，回到了北京。我在科学普及出版社科学文艺编辑室当编辑，他到中国戏剧出版社当副社长。我的小说，则被中国青年出版社的总编辑李庚同志（李湜同志的大哥）看中，印了几十万，一炮打响！

就在这个时候，出版总署决定恢复宝文堂书店，作为戏剧出版社的副牌，专门出版传统的通俗读物，赚钱来养戏剧出版社。总编辑是从人民出版社调来的李庶同志（李湜同志的二哥）。只是还没有编辑。

因为我是通俗小说作家，又善于策划，李湜和李庚同志向李庶同志推荐了我。而且给出的条件非常优惠：一是提升级别，二是分配住房，三是把我的爱人从浙江调来。

我当然很愿意。可是科普出版社的社长兼总编辑郑公盾同志却不肯放我走。因为我到他那里去，是科幻作家郑文光同志介绍的。他也知道：科学文艺，不是我的所长，估计我只是从他那里“转个身”，不久就要走的。所以进门之前，和我签订了一份书面合约，要求我三年之内，不得离开科普出版社。现在刚刚过了一年多，我不但创办了一本《科幻世界》杂志，还成了出版社发稿量最大的编辑（我单身一人，“无家可归”，晚上就睡在编辑部的沙发上，等于日夜上班），似乎“卓有成效”。他真的不想让我这样早就离开。

架不住江淮同志一趟趟往他那里跑，最后他对我说：“级别我也能够给你提升；住房正在建，肯定有你的。只是北京户口难进，我可真的没本事把你的爱人从浙江调来。你受苦多年，年纪也不小了，有这样一个好机会，我不能耽误你们夫妻团聚，放你走吧！”

于是我依依不舍地离开了科普出版社，来到了“同样”只有一个总编辑、一个大头编辑的宝文堂书店，拳打脚踢，开创出一个专门出版通俗文艺的阵地。当时文革结束不久，不论中外小说，都被当作“封资修垃圾”铲除了，读书界形成一个真空地带，所以图书市场非常活跃，我们策划出版的古典文学普及丛书，每本印数大都几十万、上百万。我还策划了一套“电视剧连环画”，拿山东电视台的《武松》打头炮，印了几百万。接着我带着三岁的孩子出差(当时我爱人正在办理调动手续，孩子先来)，南下广州，西征河南，北赴沈阳，和全国许多家省市级电视台的台长签订了电视剧连环画的出版合同，局面打开，“生意”做得红红火火。仅仅开张的第一年，我们两个人，就赚了纯利润150多万！——人手不够，我们就利用外力：所有审稿、校对、封面、插图，等等，都是利用外力完成的。

我到宝文堂书店的第一天，李湜同志就对我说：文革期间，戏剧出版社和人民文学出版社合并，现在刚刚恢复，人员组成非常复杂：有的是整人的“革命派”，有的是挨整的“走资派”，其中不免有说不清道不明的恩怨情仇纠葛，你我刚刚离开劳改农场，和他们没有历史渊源，最好不要和他们有任何私人之间的交往，一面卷入派系之争中去。我紧记此言，上班就是低头看稿子，从来不到别的编辑室串门儿，直到1993年元旦我离休，没有在戏剧出版社交一个朋友，以致许多人我连姓名都叫不上来。也因此，我在戏剧出版社和任何人都没有来往，更没有矛盾。

当然，和李庶同志是例外。他是宝文堂书店的总编辑，我的顶头上司，我们不但要商量办事，还要推心置腹，坦诚相见。举一个例子：中国青年出版社的资深编辑黄伊同志，是我《括苍山恩仇记》一书的责任编辑。我到宝文堂书店以后，他对我说：他们出版社有一对夫妇，是印度归国华侨，也是苏联小说《勇敢》的翻译者。他们有一个小女儿，初中毕业以后下乡插队，日前刚刚回城。小姑娘英语不错，字也写得很工整，问我能不能帮她安置一个工作。当时宝文堂编辑部正需要编辑和编务，当编辑她没有资格，当编务还是可以的。我就去向李庶同志推荐，最后果然通过组织关系安插进来了。她就是严克篷。此事，除了李庶同志之外，我没给任何一个人提起过。直到今天，严克篷都已经退休了，可连她自己都不知道她是通过我的关系进来的。

这期间，前后有四家出版社要调我去“另有高就”。第一家是民间文艺出版社。总编辑马振（马萧萧），原来是中国青年出版社的美编室主任，他想调我去当副总编辑，专门负责编辑明清小说的评注本。第二家是作家出版社，总编辑从维熙是我劳改时代的难友、知交，他想调我去当通俗文学编辑室主任，接替副总编辑亚方兼管的那一摊儿。第三家是中国文联出版公司，总经理李庚同志是《括苍山恩仇记》的终审者，知道我的业务水平，想调我去当通俗文学编辑室主任。第四家是民盟中央正在创办的群言出版社。当时内定总编辑是李庶同志。我和他都是民盟成员。他和我商量，希望我能随他过去，开张伊始，暂时先当总编室主任，而且可以连我爱人一起过去，管财务这一摊儿。

可是我这个人“感恩”观念非常强。我想到：戏剧出版社已经兑现了调我的三个条件：我已经从编辑升到副编审，住房也分给我了，虽然只有30个平方米，不过当时大家的住房都不宽空，能在二环路之内安一个家，就很不容易了。特别是当时北京的户口冻结，外地人要想进来，千难万难。正好当时剧协的陈朗同志右派改正，落实政策，有一个进京的户口名额，而他已经在杭州安家，又到了退休年龄，不想来北京了。是剧协打报告送文联特批，才把我老婆从浙江调来的。我不能忘恩负义，过河拆桥，目的达到了，就拍拍屁股走人。这样的要求，我开不了口；这样的事情，我也办不出来。此外，我这个人一辈子没当过官，最不善于“管别人”，所以四个“高就”的地方，我一个也没去。以大头编辑调进来，最后还是以大头编辑办了离休手续。

我离休以后，宝文堂书店也撤销了。我经过二十多年的劳改，第一不怕吃苦，第二不怕生病，能和出版社同甘共苦。我当时患有高血压和心脏病，不过都不是很严重。在出版社的困难时期，我有将近十年时间没去医院看病拿药，没有报销过一分钱的医药费。感冒了，自己到药店买两包感冒冲剂，就打发了。

当年宝文堂书店曾经的辉煌，第一是因为赶上了读书界的断层期，人人如饥似渴地找书读，抢书读；第二是形势较宽松，出版社有可能多出书，出好书。再看今天的局面，第一是社会上几乎人人不读书了（多数人只玩儿手机，成了所谓的“低头一族”），第二是书店里几乎没有什么好书。全国五百多家出版社，如果只有戏剧出版社一家出现困境，这无疑是不善经营造成的；但是据我所知，全国绝大多数出版社，都处于举步维艰、朝不保夕、岌岌可危的状况。据说全中国五百多家出版社所得的利润加在一起，还赶不上德国一家出版社的收入。面对如此现状，出版社如何突破困境，在求得生存的前提下有所发展是一个新课题。

出版社的辉煌时期，全社职工曾经有过优厚的福利待遇，每到年底，除了聚餐之外，往往还有服装、家具之类实物分发。现在许多因素是出版社无法控制的。例如离休干部的医药费报销问题，制度规定要由所在单位全部负担。一个部级待遇的离休干部，就要花掉几百万，把出版社办公楼的全部租金给他一个人报销还不够。这就不是出版社本身所能控制的了。

我不敢说自己是戏剧出版社的“有功之臣”，但是多年来和出版社休戚相关，生死与共，一片热爱关爱出版社的拳拳之心，还是有的。值此出版社 60 周年大庆之际，衷心希望田汉老在六十年前一手创办的中国戏剧出版社再度走向中兴。

值得回忆的岁月

——纪念中国戏剧出版社成立六十周年

杨景辉①

我和中国戏剧出版社，颇有“缘分”。在我的人生中，持续时间最长、最重要的历程是在这里度过的。我对它有深厚的感情。在纪念它六十大庆时，激起我许多美好的回忆。

一

首先，就我手头的资料对它的历史作一个简短的回顾。

中国戏剧出版社，是中国唯一的一家戏剧专业出版机构。（在全世界有没有第二家？尚待考证）它创建于1957年1月1日。隶属于中国戏剧家协会。中国剧协主席田汉兼任社长。副社长兼总编辑葛一虹、副总编辑孟超、副社长李之华。

中国戏剧出版社的主要业务范围是：积累中外戏剧文化遗产，整理与注释古典戏剧文献，促进与反映戏剧创作，推荐戏剧理论研究成果，介绍古今中

① 杨景辉：中国戏剧出版社原副总编辑。

外剧作家、导表演艺术家的创作生涯和艺术经验等。定期出版《戏剧报》《剧本》《外国戏剧》和《戏剧年鉴》，此外，还出版不定期的丛书、丛刊。

1958 年，宝文堂书店与中国戏剧出版社合并，仍保留宝文堂书店的名义，是中国戏剧出版社的副牌。

宝文堂书店创立于 1862 年（清同治元年），是目前我国历史最优久的书店之一。它从经营账簿、文房四宝发展到具有编辑、排字、印刷等完整机构的出版企业。

宝文堂书店过去主要出版戏曲剧本、历书、字典等工具书及农村应用文等读物。1980 年后，扩大了业务范围，为农村、工矿、城镇的广大读者提供通俗性、知识性、应用性读物，出版传统与现代的戏曲剧本、小型话剧、曲艺、说部和中外通俗小说、戏剧故事以及连环画、年画、四条屏、挂历、台历等。

宝文堂立足于大众文化，读者面非常宽广，在文艺界也产生了深远的影响。据媒体记载："赵树理、孙犁和刘绍棠等作家，都在（有关）文章中谈到过宝文堂的农村普及读物，对他们走上文学之路的影响。"①

1960 年，戏剧出版社并入人民文学出版社，成为该社的戏剧编辑室，继续以"中国戏剧出版社"名义出版戏剧图书。

1966 年"文革"后至 1979 年，"中国戏剧出版社"的社名被取消了。但戏剧出版业务，仍在延续，其戏剧书籍，只是社名署"人民文学出版社"而已。因此，中国戏剧出版社的命脉并没有中断。

1980 年恢复中国戏剧出版社建制，仍属中国戏剧家协会领导。社址在北京东四八条 52 号（原中国戏曲研究院旧址）四楼小礼堂。台上、台下都用木板隔开（无门、无窗），分成几个编辑室、几间办公室，非常简陋。

经人民文学出版社同意，剧协将该社戏剧编辑室"一锅端"，同时，调入、

---

① 参见张宝申：《赵树理与宝文堂》（2006 年 6 月 2 日《北京晚报》）

招聘了一大批人员，规模空前。先后由葛一虹、陈默、刘厚生、王正任社长，杜高、王正（兼）任总编辑，季定洲任副社长，李宝云任经理，曲六乙、鲁煤、杨知、杨景辉、周明、李海泉任副总编辑。下设话剧、戏曲、外国戏剧、宝文堂、美术五个编辑室。此外，还有办公室、总编室、出版发行部、校对科等部门。

中国戏剧出版社，从这里重新起步，经过几任领导与全体工作人员同心协力、艰苦奋斗，终于走向辉煌，庆祝建社三十周年。至今，有许多同仁还在深深地怀念在这里度过的那些难忘的岁月。

经过几年的积累，出版社打下了较为坚实的经济基础。为改善办公条件，于 1987 年在东城灯市口同福夹道空政文工团院内，租下一座小楼，使出版社的面貌焕然一新。激励全社同仁尽心尽力，奔向新的前程。至 1989 年，购买了 2700 平米的办公用房。出版社终于有了自己的家园——北京北三环西路大钟寺南村甲 81 号新址。在王正社长（兼总编辑）的率领下，全社上下同心同德，将出版社推向它的鼎盛时期。为戏剧文化的积累和发展，作出了具有历史意义的贡献。

1990 年后，出版社又走过了二十多年的曲折、艰难的道路。但它依然顽强地活着。它虽然离开了剧协，可它还在延续着中国戏剧出版社的生命。近年来，又有新的成绩，出版了诸如《梅兰芳全集》《中国现代戏剧总目提要》《中国当代戏剧总目提要》“中国戏曲艺术大系”“世界戏剧新经典译丛”等一批优秀图书。我相信，在它六十大寿之后，新一代戏剧出版人，一定能够再创新的辉煌！我们期待着。

二

我和戏剧出版社的关系，可以说是相依为命。在这里度过的三十年，是我人生中最有价值、最值得怀念的时期。

我毕业于武汉大学中文系，学文学的，对戏剧知之甚少，尤其对舞台艺术更是一窍不通。1961 年，被分配到中国戏剧家协会工作。由于工作的需要，正在如饥似渴地学习戏剧知识。恰好这时戏剧出版社有一位姓郑的大姐，经常到剧协来联系工作。她是个热心人，经常向我提供新书出版信息。于是，她帮我买了许多戏剧出版社出版的图书。从此，我就成了它的一个忠实的读者。

而真正成为它的一员，还得从“文革”时期的 1972 年谈起。

1972 年，上面对“五七干校”的干部，开始重新分配工作。“裴多菲俱乐部”被彻底“砸烂”了，回不去了。我被分配到人民文学出版社工作。记得，我去报到时，该社人事处负责人张宗禹（是从中国文联调去的）接待我，并正式通知我，社里决定要我到现代文学部诗歌散文组当编辑。我犹豫了。然后，我竟敢说：“我是搞戏剧的，对诗歌散文不熟悉，希望当戏剧编辑。”他一愣，很为难，但没有回绝我。他表示：“我一定将你的要求向社领导汇报，等他们研究后再告诉你。”没有想到，过了两天，他向我传达社里领导的决定：可以满足你的要求，专门成立戏剧编辑组。我高兴极了！没想到，就这样，就决定了我人生的走向。后来，季定洲、李宝云等也分到这个组了。

当时，戏剧编辑组唯一的任务是出版“样板戏”的图书。其形式主要有两种：一是“普及本”（包括剧照、剧本、主要唱段）；一是“综合本”（包括剧本，剧照，主旋律乐谱，武打舞蹈动作，舞台美术：化妆造型照、人物造型图、场景设计图、舞台平面图、布景制作图、舞台道具、舞台灯光、舞台效果、司幕时间等）。已经出版的，“普及本”有：《智取威虎山》、《红灯记》、《沙家浜》、舞剧《红色娘子军》（以上为人民出版社出版）、《海港》、《龙江颂》、京剧《红色娘子军》、《奇袭白虎团》、《平原作战》、《杜鹃山》（以上由人民文学出版社出版）、《磐石湾》（上海人民出版社出版）；“综合本”有《智取威虎山》、《红灯记》（以上由人民出版社出版）、《海港》、《奇袭白虎团》、《沙家浜》（以上由人民文学出版社出版）。京剧《红色娘子军》的普及本和《沙家浜》的综合本由我负责“编辑”（它既不用组稿，也不用审稿，更不用做编辑加工，只负责对“样板戏”剧组提供的稿件作校对）。

除出版样板戏外，经过层层批准，编辑室还编辑出版了一套《群众演唱》（丛刊）。

后来，随着业务范围的不断扩大，将“戏剧编辑组”提升为“戏剧编辑室”（直至 1979 年），下设话剧和戏曲两个编辑组，还主办了一个刊物——《戏剧艺术论丛》。其规模已大大超过了“文革”前的戏剧编辑室。实际上，是“文革”前的戏剧编辑室的延续和发展。只是书上未署“中国戏剧出版社”的社名。

从这时起，我一直从事话剧编辑工作。“文革”后，我主要是再版老一辈剧作家的作品。如郭沫若的八个多幕历史剧的单行本：《棠棣之花》《屈原》《虎符》《高渐离》《孔雀胆》《南冠草》《蔡文姬》《武则天》，和《郭沫若剧作选》等。1978 年还为人民文学出版社工农兵大学生进修班作了题为“郭沫若的历史剧”的专题讲座。

1980 年剧协恢复中国戏剧出社建制，将这个编辑室的全部人员，作为重建的班底。因此，戏剧出版社的前三十年，应包括这一段历史。

这段历史是值得怀念的。

我从事编辑工作是在这里起步的。在这八年中，深感编辑是一门大学问。人民文学出版社不愧为国家一流的出版社。它是编辑学的高等学府，培养出一代又一代的资深编辑大家。戏剧出版社的编辑骨干，大多是从这里培养出来的。我永远不会忘记许多老编辑、老校对我的指导和帮助。我能在戏剧出版事业中有所贡献，与这一时期的锻炼是分不开的。

三

20 世纪 80 年代，可以说是戏剧出版社的黄金时期，也是我人生的能量和智慧最兴旺、发挥得最充分的时期，是戏剧出版社将我推向人生的高峰的。

值得我特别珍视的是，在我一生（主要是在80年代）的编辑工作中，有幸结识了许多重要的作家、艺术家、专家、学者，如郭沫若、田汉、曹禺、于伶、陈白尘、吴祖光、焦菊隐、陈瘦竹、于是之、田本相、董健、胡叔和、童道明、余秋雨、林兆华、高行健等等（有些已故去的前辈，是在六七十年代相识的），他们都是我的好老师、好朋友。是他们教我怎样做人，是他们源源不断地灌输我新的知识，是他们引领我走进艺术的殿堂、学术的宝库，是他们给了我战胜一切困难的勇气和力量！

正是在他们的热情支持下，使我在戏剧出版事业中，取得了一些成绩。我编辑、审读过的重要著作（主要都在80年代由戏剧出版社出版），有《郭沫若剧作全集》《田汉剧作选》《曹禺文集》《阿英剧作选》《于伶剧作集》《吴祖光剧作选》《中国现代戏剧史稿》《中国现代比较戏剧史》《新中国话剧文学概观》《田汉评传》《田汉研究》《曹禺剧作论》《曹禺评传》《话剧艺术概论》《焦菊隐戏剧散论》《〈茶馆〉的舞台艺术》《演员于是之》《北京人艺论》等等；此外，还主编了《中国艺术百科辞典·话剧卷》（合作）、《世界戏剧经典全集·中国卷》《北京人艺演剧学派创始人——焦菊隐论导演艺术》等大型图书。与此同时，编辑之余还从事有关的学术研究，出版《郭沫若剧作论》（合作）、《论北京人艺演剧学派》（合作）；发表数十篇学术论文。如果将这些图书编辑（或写作）过程中的具有史料价值的轶事，形成文字，也许能留下当代中国戏剧历史发展的某些痕迹。

这十年，大体经历了两个时期：我称之为“杜高时期”和“王正时期”。

1979年春，杜高冤案同全国其他冤假错案一样，获得平反。他很快被调回剧协工作，并委以重任，担任剧协书记处书记，兼任中国戏剧出版社总编辑（刘厚生为社长，因他是剧协的总负责任人，工作十分繁忙。对出版社主要是方针大计上的指导，具体领导就交给了杜高）。当时，我负责出版社话剧编辑室和总编室的工作。在和他相处的日子里，他给我留下了很好的印象：对事业、对同志十分热情；对下属宽容大度，总是向人们伸出友谊之手，没有丝毫官家气，善于调动所有同仁的积极性；在工作中显露了不凡的才气和能力。因此，在他的领导下，我对工作是很用心的，也是很舒心的。

这几年，在他和出版社领导集体的共同努力下，社会效益、经济效益双丰收。出版了一批颇有价值的高质量的戏剧书籍，如《田汉文集》《郭沫若剧作全集》《夏衍剧作集》《老舍剧作全集》《于伶剧作集》《焦菊隐戏剧散论》《〈茶馆〉的舞台艺术》，及《地方戏曲选编》《评剧大观》等书。

上述话剧图书中，除《田汉文集》外，其它我都参与了编辑工作（或做责任编辑，或审稿）。

《郭沫若剧作全集》（共三卷），是出版社的重点选题之一，适逢郭老90诞辰之际与读者见面了，具有纪念意义。由田本相和我联合作“责任编辑”。实际上我俩就是《全集》的编者。“文革”后一段时间，图书编者都不署个人的名字，故《全集》编者署名为：“中国戏剧出版社编辑部编”。《全集》于1983年出齐。

《于伶剧作集》是我向于老约稿的。据记载，1978年5月27日至6月5日，于伶先生出席了中国文学艺术界联合会第三届全国委员会第三次会议。这是“文革”后文艺界的第一次盛会。劫后重逢，悲喜交集。我借此机会拜访了于伶先生。同他商谈再版《于伶剧作选》的事。于老热情好客，平易近人。这是我同他第一次见面，给我留下了美好的印象。他是政协委员，每年来京开会都要和我见面。而且书信来往频繁。因此，与他结下了较深的友谊。后来，在“剧作选”的基础上，编辑出版了《于伶剧作集》（四卷本），实际上就是他的剧作全集。

这里，再谈谈重建戏剧出版社后，我负责编辑的第一本书——《〈茶馆〉的舞台艺术》。

1980年初，戏剧出版社刚恢复业务，北京人民艺术剧院的蒋瑞找我，说有一部关于《茶馆》演出资料的书稿，被我所熟悉的一位编辑退了稿。她始终认为，这部书稿非常宝贵，值得出版，希望我看一看。当时，我很为难。终因她那执着的精神感动了我，才接受了书稿。读后，我觉得确实很有价值。但书稿还很不成熟。剧院要求在9月《茶馆》赴西欧演出前出书，以作为馈赠外国戏剧家的礼品。时间相当紧张。于是，我在社里领导的支持下，“进驻”人艺。他们专为我腾出一间办公室。我白天审读、加工书稿，晚上看演出（此时正好《茶馆》在公演），书稿和演出对照起来看，效果颇佳。经过两个多月和蒋瑞、苏民、杜澄夫等同志的通力合作，比较完满地完成了这一任务。经他们的同意，作为戏剧出版社“舞台艺术丛书”之一，书名定为《〈茶馆〉的舞台艺术》（蒋瑞、苏民、杜澄夫编）。这本书，也随着《茶馆》飞向了西欧。据说，成为最受西欧戏剧家青睐的礼品。1984年，它还荣获中国戏剧家协会主办的“首届全国戏剧理论著作奖”。

其他书稿，都是由话剧编辑室其他同志担任责任编辑，我只负责审稿。

在“杜高时期”，还有一件事，我始终难以忘怀：就是1984年“第一届全国戏剧理论著作奖”评奖。这件事影响深远，是值得在中国戏剧出版社的历史、乃至中国当代戏剧史上记上一笔的。

1983年底，中国戏剧家协会决定举行“第一届全国戏剧理论著作奖”评奖活动，由戏剧出版社承办。杜高同志代表剧协书记处主持评奖的筹备工作。我在他的直接领导下负责评委会办公室的具体事务。

这次评奖，根据《评奖条例》，采取出版社、专家、读者推荐和评委会评定相结合的方法。先后有上海文艺出版社、上海古籍出版社、人民文学出版社、北京大学出版社、中国戏剧出版社以及江苏、浙江、福建、湖南、湖北、四川、云南、青海、新疆等省、自治区的出版社推荐了参加评奖的著作。最后，评委会从38种候选著作中以无计名投票的方式，评选出了21种获奖著作。

评委会办公室的我和沈梅等同志，先后在北京、上海、南京等地召开了18次座谈会，听取了一百三十多位专家对这次评奖和候选著作的意见。与会专家对这次评奖都以极大的热情予以支持。对剧协主办戏剧理论著作奖，予以高度评价，认为“理论著作评奖在全国是第一次，这是一个创举。”郭汉城先生说:“剧协搞理论著作评奖，是一件功德无量的大事。”(《简报》第7期)他们对评奖工作、评选条例、候选书目、表彰人选等等方面，提出了许多宝贵意见。为此，评委会办公室编印了27期《“第一届全国戏剧理论著作奖”评选工作简报》，及时将各方面的意见如实地反映给各地的评委及有关的领导同志。

最后，经评委会评选的结果如下。

一、荣誉奖:授予在戏剧理论、著述方面有杰出贡献的专家、学者。(按姓氏笔画为序)

王季思、任二北、阿甲、张庚、赵景深、钱南扬、黄佐临

表彰:表彰建国后逝世的在戏剧理论方面有突出贡献的专家、学者。(按姓氏笔画为序)

冯元君、叶德均、李健吾、严敦易、杜颖陶、周贻白、顾仲彝、黄芝岗、董每戡、傅惜华、焦菊隐、戴不凡

二、特别奖:

《中国大百科全书·戏曲卷》

三、优秀理论著作:

《中国戏曲通史》(张庚、郭汉城主编);《焦菊隐戏剧论文集》

四、戏剧理论著作奖:(按书名笔划为序)

《元代杂剧艺术》(徐扶明著)、《艺术，真善美的结晶》(曲六乙著)、《元明清戏曲论集》(严敦易著)、《王骥德〈曲律〉研究》(叶长海著)、《论汤显

祖及其他》（徐朔方著）、《戏曲剧目论集》（郭汉城著）、《论戏剧性》（谭霈生著）、《戏曲编剧论集》（范钧宏著）、《西欧戏剧史》（廖可兑著）、《李健吾戏剧评论选》、《戏剧理论史稿》（余秋雨著）、《论悲剧与喜剧》（陈瘦竹、沈慰德著）、《明刊本〈西厢记〉研究》（蒋星煜著）、《河北梆子简史》（马龙文、毛达志著）、《洪升年谱》（章培恒著）、《〈茶馆〉的舞台艺术》（北京人民艺术剧院 蒋瑞、苏民、杜澄夫编）、《曹禺剧作论》（田本相著）、《编剧理论与技巧》（顾仲彝著）、《豫剧唱腔音乐概论》（王基笑著）

这次评奖，最突出的特点是：所有的评委都一丝不苟地做到了公开、公正、公平，表现出廉洁正派的作风，所有评委没有拿过一分一毫的“劳务费”，为戏剧评奖开创了良好的风气。在评委会的总结报告中写道：“在评选过程中，评委会自始至终坚持标准，不搞照顾，不搞平衡。讲真理，不讲情面。提倡在学术面前人人平等。对每部著作，既谈成就，又谈缺点和不足。实事求是，秉公评选。”遗憾的是，这样的好风气，没有在媒体上宣扬过，也没有对以后的各种戏剧评奖产生应有的影响。

在评奖中，还有一点是值得一提的。那就是杜高对中青年戏剧理论家的重视。“文革”后，中青年一代戏剧理论家正在崛起，大有长江后浪推前浪，戏剧新人超旧人之势。他们代表了戏剧理论研究的未来和希望。杜高十分敏锐地看到了这一发展趋势。首先，他力荐余秋雨的《戏剧理论史稿》入选，得到评委们的热情支持。还有田本相（《曹禺剧作论》）、谭霈生（《论戏剧性》）、叶长海（《王骥德〈曲律〉研究》）等中青年戏剧理论家都获得了此项大奖。

关于这次评奖的详细情况，见本人撰写的专稿——《老一辈怎么为文艺评奖——回忆“第一届全国戏剧理论剧作奖”》①

① 杨景辉：《老一辈怎么为文艺评奖——回忆“第一届全国戏剧理著作奖”》（2016年1月6日《中华读书报》第6版）

四

再谈“王正时期”。

王正本是中国青年艺术剧院的剧作家，同杜高一样，在“反右”中遭受打击。“文革”后，王正调剧协工作，任剧协分党组成员、书记处书记。从1985年起，分管戏剧出版社，先兼任总编辑（当时的社长是刘厚生），后兼任社长和总编辑，1989年底离开了岗位。

这四年，是戏剧出版社历史上最辉煌的时期。

据不完全统计，自1986年至1989年6月，戏剧出版社（包括以副牌宝文堂书店的名义）出版的图书共244种，其中戏剧专业书183种，非专业的普及读物只有61种。这244种图书的出版，集中体现了他的办社宗旨和编辑方针：既重视优秀传统戏剧文化的积累，又能适应时代发展的需要，具有鲜明的创新、开放的意识。

下面谈谈与我有直接关系的几部重要著作的编辑、出版情况。

关于《曹禺剧作论》：

我从小是一个“曹禺迷”。后来逐渐认识到，曹禺剧作的出现，标志着中国话剧的成熟，确立了中国话剧在现代文学史上的重要地位。因此，“文革”后（当时我在人民文学出版社）我的第一个愿望就是编辑出版“曹禺全集”。当我提出这一选题后，得到编辑室的全力支持，并征得曹禺先生的同意。

为了编好这部书，我找来了曹禺剧作的许多版本。正在核对《雷雨》的不同版本时，突然，研究中国现代文学的学者田本相出现在我的编辑视野中。现代文学编辑室的孟伟哉同志（后来我才知道他和田本相是南开大学的同学），转来一篇研究曹禺剧作的稿件，这就是田本相撰写的《〈雷雨〉论》。我读完后，很兴奋。因为，在此之前，还从来没有读过像这样全面而深刻地评论《雷雨》的文章。于是，我将此文推荐发表在本编辑室的戏剧理论刊物《戏剧艺术论丛》

1979年第1辑上。从文章看来，他对现代文学研究的功底厚实。我又很快通过孟伟哉，约他来社里见面，正式约请他撰写研究曹禺剧作的专著——《曹禺剧作论》。

大约花了一年多的时间，他完成了23万多字的书稿。读后，觉得比我预期的还好。这是建国后研究曹禺剧作的第一部专著，为了尊重曹禺先生，同时，也是为了提高书稿质量，经本相同志同意，我将书稿连同本相给曹先生的信送给了曹禺先生，希望听听他的意见。曹禺先生在百忙中很快读完了书稿，给本相回了热情洋溢的信，并约他面谈。应约，于1980年5月23日、6月22日我陪同本相同志先后两次拜访了曹禺先生。这两次长谈，内容很广，从他的身世、家庭、创作道路、创作经验到当前的创作状况，都作了深入的、倾心的交谈。后来本相根据录音整理成文字，以《我的生活和创作道路——和田本相同志的谈话》为题，附于书末。这篇长文，成了曹禺研究的重要文献。

《曹禺剧作论》于1981年12月出版发行（因脱销，于1985年重印，并增加了《我是怎样研究曹禺的》一文），博得好评，在文学和戏剧界颇有影响。1984年荣获“第一届全国戏剧理论著作奖”。后来，田本相被戏剧研究界称为“曹禺研究第一人”，成为曹禺研究、乃至中国话剧艺术史研究的领军人物。我与他也成为合作时间最长的挚友。

关于《曹禺文集》：

为了编好这套文集，我于1979年3月27日和5月16日，先后两次应约去三里屯曹禺先生的寓所同他商谈此事。当我详细陈述了我的想法之后，他十分高兴地同意了。我也欣喜不已。

这两次访谈，在我的《曹禺戏剧集 工作记录本》中，作了记录。

3月27日，在我征求他对出版《戏剧集》的意见时，他说：“《雷雨》最早的版本的序幕和尾声都不要。《序》也可以不要。”“《黑字二十八》又名《全民总动员》，是我和宋之的在一个月内凑出来的。写得不好，可不选。”

5月16日的访谈，时间很长。主要内容，包括他的家世、生平和创作道路。

这两次拜访，给我留下了很深的印象。每当我向他告辞时，他不顾我的劝阻，执意要送我下楼。他穿着睡衣睡裤从三楼一直送我到院子里告别。这是“文革”后我同他的见面。当时的情景，至今还记忆犹新。

后来，由于多方面的原因，戏剧出版社同曹禺的关系不好，直至1986年才有转机。在本相编著的《曹禺访谈录》①中，1986年2月10日的访谈有这样一段记载：

> 下午3时半和杨景辉、黄金铎去曹禺家。
>
> 王正担任戏剧出版社的总编辑，杨景辉担任副总编之后，他们决心调整出版社同曹禺多年僵化了的关系，同时，也准备有计划地出版一些老剧作家的选集和文集，而他们把出版《曹禺文集》放到了首位。其间，我多次向曹禺先生说明他们的诚意和决心，试图解开一些误会。最后，曹禺先生答应中国戏剧出版社出版《曹禺文集》，并要我做主编。

当时，本相将他拟好的《曹禺文集》编辑方案交给他，请他过目。他很认真地看过后，说：“很好。把《黑字二十八》改成《全民总动员》好了。”

1986年8月12日，根据本相的《曹禺文集》编辑方案，我以“话剧编辑室”的名义正式向社里写了《关于编辑出版〈曹禺文集〉的报告》。《报告》说：

---

① 田本相、刘一军：《苦闷的灵魂——曹禺访谈录》第163页，江苏教育出版社2001年1月初版。

本社从1980年恢复业务以来，计划编辑出版曹禺同志的剧作集，但由于种种原因，一直未能实现。今年年初，我们再一次提出编辑出版《曹禺文集》的建议，立即引起王正等有关领导同志的重视，并得到曹禺研究专家田本相同志的热情支持。经王正、本相、景辉同志同曹禺同志洽商，正式确定由本社编辑、出版《曹禺文集》。

经曹禺同志同意和总编辑王正同志批准，约请田本相同志担任《曹禺文集》主编；参加选编工作的还有中央戏剧学院话剧文学教研室的部分教师；本社杨景辉同志参加选编工作，并任《文集》责任编辑。

《文集》的选编范围，包括曹禺同志有关文学艺术的重要著作。计分七卷：第一至四卷为话剧剧本创作，第五卷为改译、翻译剧作和电影剧本，第六卷为戏剧论著，第七卷为小说、诗歌、散文和其他文章。每卷发曹禺同志的照片、手迹或书影、剧照若干幅。

计划用五年左右的时间出齐。

在《文集》的编辑过程中，有一件鲜为人知的轶事值得谈一谈。

版本的选择，是编辑、出版《文集》的至关重要的问题，我们十分慎重。为此事，曾同曹禺同志反复协商。在田本相于1987年2月16日给社长刘厚生、总编辑王正的报告中，记录了这一过程：

最初，我接受任务后，即和景辉同志作了反复研究，并请示了曹禺同志。商定《文集》所收剧本均按文化生活出版社最早版本，只作个别文字的订正，加上必要的注释出版。《田汉文集》也是这样。此一方案，经曹禺同志过目，也同意了。不料，曹禺同志在我们已经按原方案编出第一卷后打电话给我。提出按照修改本出版。我陈述了意见，但他仍坚持按修改本收入。这样，我们只得又重新编了第一卷。

最近，我去看望曹禺同志。我又提出了这个问题。我是这样谈的：

一、去年在鲁迅逝世五十周年学术会议上，一些国外专家对我们某些文集出版颇有意见，如花城出的《沈从文文集》，不但有修改，而且许多篇目以“存目”处理。外国学者认为，这样就没有学术价值了。他们，国外很难找到的是初版本。

二、我听到有关专家同行对《曹禺文集》的编辑意见，也认为以收初版为最好。这样做，不但有学术价值，也有收藏价值。目前国内缺的就是这样一套完整的文集本。

曹禺听了我陈述的意见，他说，就按你的意见办好了。他说，看来还是按初版收较有价值。我听后十分高兴。

因此，我建议从第一卷开始即按初版本收印。

此时，第一卷已按修改本排好了版，打出了校样。为此，我向社领导建议：拆版，重新发稿，全部按文化生活版排印。虽然经济上受一些损失，但可大大提高《文集》的价值。这一建议，得到王正、厚生同志的支持。王正同志的意见是：“为保留作品的原貌以及为研究家、戏剧艺术家提供原来的版本，当然以出版曹禺剧作的初版本为妥。现曹禺同志既已同意按最初的版本编文集，我们理应照此办。”厚生同志的意见是：“同意。但最好用什么方式同曹禺同志正式明确一下，例如由田本相同志同曹禺同志交换信件等等。”本相同志将这一意见报告了曹禺同志后，曹禺同志正式致函田本相主编。

田本相教授：

承赐教，赞同我的文集一律根据“文化生活出版社”版本出版。请代告有关方面负责同志。

敬颂

撰安

曹禺　一九八七、二、廿七

至1990年9月，《曹禺文集》前四卷（全部话剧剧本）如期出版。这是国内第一部最完整、最有价值的版本。当我和话剧编辑室的同志将精装样书送到北京医院他的病房时，他十分高兴，并和我们合影留念。

令人十分遗憾的是，由于复杂的原因，后三卷至今未能出版。这是建社以来的一大损失。

关于《中国现代戏剧史稿》和《中国当代戏剧史稿》：

建国后一直没有一部完整的中国话剧史，使有关文学艺术的研究和高等院校文科的教学造成很大的困难。为了填补这一空白，在1983年全国文学、艺术、外国文学科研规划会议上，确定由南京大学戏剧研究室编写《中国现代戏剧史稿》（陈白尘、董健主编），并列为我国第六个五年计划期间文学艺术学科国家重点科研项目之一。

出版《中国现代戏剧史稿》是中国戏剧出版社的一项重要的计划。我作为分管话剧的副总编深感责任重大。经王正同志和我的多方努力，争取到了这部著作的出版权。

1986年5月，我应邀参加了在江苏南通县召开的“书稿鉴定会”。大家一致对书稿作了充分的肯定。同时，也提出了一些重要的修改意见。

1988年书稿全部完成。由方育德担任责任编辑。他十分出色地完成了这一任务，博得作者的好评。后来，他还在上海戏剧学院学报《戏剧艺术》上发表了长篇书评。

这是我国第一部中国现代话剧史，影响很大，曾荣获教育部颁发的高等学校教材大奖。这部著作是“解放思想，实事求是”的产物。它给我印象最深的是：真正做到了以历史唯物主义为指导，对中国现代话剧历史，作了符合历史实际的评论。尤其对著名的非“左翼”的戏剧作家作品的历史地位和影响，给予了公正的评价。

新世纪伊始，董健和胡星亮（是陈白尘、董健的博士生）主编的《中国当代戏剧史稿》上马了。

2003年暑期，董健和星亮将提纲寄给我，征求意见。我于9月28日给他们写了回信。信中说：

> 还记得，在我当戏剧出版社副总编的时候，也就是你们的《中国现代戏剧史稿》出版以后，我曾向董老师提出撰写当代戏剧史的建议，下来后，也念念不忘这一选题。今天，这一规模巨大的戏剧史就要问世了，怎能不令人兴奋呢！
>
> 新时期以来，出了几本当代戏剧史方面的著作（其中有我经手出版的），就我读过的来看，都不令人满意。一般停留在历史现象和史料的表述的层面上，缺少“灵魂”。看了你们的大纲，其面貌就大不一样了。它全面、系统地反映了当代戏剧50年的历史，不但包括了话剧、戏曲、歌剧、舞剧的发展史，而且将台、港、澳当代戏剧的历史也纳入其中，这是其他当代戏剧史著无法比拟的。更让我钦佩的是，它以“五四”精神来鸟瞰、考察当代半个世纪的戏剧历史，表现了你们的卓识和胆量。如果能将这一思想贯串整个史著，成为这部著作的“灵魂”，那么，这部史书将会显示它独有的光彩。

从《大纲》的整体看，是严谨的，是站得住的。这里，我只提出两点建议供你们参考：

（1）从话剧文学的整体看，无论其作家还是作品，后五十年不如前五十年。但就舞台艺术而言，情况似乎有所不同，舞台艺术的发展，出现了最辉煌的时期。焦菊隐、黄佐临是杰出的代表，他们从理论到实践都作出了巨大的贡献。尤其是焦菊隐，他创立的“焦菊隐·北京人艺演剧学派”在国内外已产生了深远的影响。《茶馆》的舞台艺术，达到了登峰造极的境界。它代表中国的话剧第一次走出国门，在话剧的故乡引起轰动。佐临“写意戏剧观”的历史意义和深刻影响，从新时期以来，愈来愈明显了。因此，我认为有必要辟一专节，集中谈一谈他们的成就。当然，也要顾及到戏曲舞台艺术的成就（如阿甲）。

（2）从80年代以来，戏剧理论与历史的研究，无论话剧还是戏曲，成果非常突出，出现了一大批戏剧研究家和论著。1984年举办了首届全国戏剧理论著作奖，表彰了一批戏剧理论家及其著作。此后的成果更加辉煌，值得在当代戏剧史上记上一笔。因此，也建议增加一节，专门论述。

其他，如吴祖光（《闯江湖》等）、王正（《双人浪漫曲》等）是否也可以加上一笔？

这部新著的责任编辑也是方育德，把现、当两代戏剧史连贯起来了。这是他对戏剧出版社的一大贡献。

《中国当代戏剧史稿》于2008年9月与读者见面了。很快，董健、星亮给我寄来了新书，并约我写书评。我义不容辞，欣然同意。于2009年4月发表了题为《集大成·立新意·修信史》的书评。

除这两部戏剧史外，还有《中国现代比较戏剧史》（田本相主编）。也是戏剧出版社的重点图书，已列入出版计划。

我是这部书稿的责任编辑。从拟提纲到定稿的全过程我都参加了，审读了初稿和定稿，完成了全稿的编辑加工任务。最后，于1991年12月21日写了详细的《审稿意见》。正要发稿时，它遭受到与《曹禺文集》同样的命运。

这部著作，规模宏大，它为中国话剧史的研究，选择了一个全新的视角，是对中国话剧史研究的新的、大胆的突破。这是我国第一部比较戏剧史。很遗憾，戏剧出版社失掉了这部重要图书的出版权。非常遗憾！

关于“戏剧文化探索丛书”：

20世纪80年代以来，随着“戏剧观”争鸣的热潮，戏剧理论研究异常活跃。为了适应这一形势的需要，我提出了编辑、出版“戏剧理论小丛书”的构想，立即得到刘厚生、杜高、王正等有关领导同志的支持。这套丛书是介乎大型专著与一般论文之间的“中型”著作。给研究者们提供一个“快捷”的园地，这样能较快地出成果。

为了编好这套丛书，我曾在北京、上海等地组织召开过数次座谈会，参加这些座谈会的专家、学者有：田本相、谭霈生、童道明、林克欢、杜清源、孟繁树、陈恭敏、余秋雨、胡妙胜、叶长海、叶涛、董健、胡星亮等；还召开过记者招待会。得到广大戏剧研究者的热烈响应。在上海戏剧学院的座谈会上，余秋雨建议将“戏剧理论小丛书”改为“戏剧文化探索丛书”。大家都觉得这个名称好，最后采纳了他的意见。

为了出好这套丛书，社内专门成立了编委会。王正任主编。编委是：王正、朱以中、李海泉、杨知、杨景辉、熊澄宇。

主编提出的丛书的宗旨是：“团结、探索、创新、进步”。在这一宗旨的指导下，团结了一大批戏剧理论研究者，取得了丰硕的成果。第一批出版的论著有:《戏剧演出符号学引论》(胡妙胜著)、《中国戏曲的困惑》(孟繁树著)、《戏剧本质论》(金登才著)、《戏曲学特征的凝聚变幻》(吴乾浩著)、《三大戏剧体系审美关系初探》(康洪兴著)、《作为演出艺术的戏剧》(李春熹著)。第二批正在积极编、审之中。准备出版的有:《戏剧本体论》(谭霈生著)、《戏剧本体论纲》(马也著)、《林兆华导演艺术》(林克欢编)、《沙叶新剧作研究》《戏剧笔记》(童道明著)、《中国现代喜剧流派论》(胡星亮著)、《金线和衣裳——曹禺与外国戏剧》(焦尚志著)、《戏剧与宗教》(周育德著),还有余秋雨的《艺术人格论》(又名《余秋雨戏剧评论选集》)、朱栋霖的《戏剧美学》等。

然而，这套丛书，同《曹禺文集》后三卷一样，也是半途而废，又一次严重破坏了出版社的声誉。历史的经验，值得总结。

在"王正时期",正值戏剧出版社建社 30 周年、宝文堂书店创建 125 周年。1987 年 1 月 13 日,在民族文化宫举行空前隆重的纪念招待会。文艺、戏剧界,出版界，各方名流，欢聚一堂，共庆戏剧出版的辉煌。出席这次盛会的有：杨静仁、贺敬之、许力以、刘杲、王子野、吴祖强、吴祖光、张庚、郭汉城、胡可、李默然、张颖、葛一虹、马少波、袁世海、李紫贵、曹幸之、廖静文、方掬芬、舒强、姜春芳、吴雪、胡絜青、马彦祥、丛维熙等等。

这一庆典，展示了戏剧出版社自 1980 年恢复建制以来，所取得的重大成就。

在这短短的四年中，取得了令人瞩目的成绩，与王正的领导是分不开的。其实，作为剧作家的王正在进入戏剧出版社之前，对出版工作（尤其是管理）并不熟悉，然而他靠什么力量使戏剧出版社走向自己的历史的高峰？我们认为，最关键的是他对党、对人民、对戏剧事业、对戏剧出版社、对同志、对朋友有一颗赤诚的心，由这颗赤诚的心而产生极大的凝聚力，把全社同志紧密地团结在自己的周围，充分调动每个成员的积极因素。在此期间，戏剧出版社里几乎看不到社会流行病“窝里斗”现象，“人心齐，泰山移”，还有什么困难不能克服？还有什么高峰不能攀登？

在他当社长期间，正是他戏剧创作的旺盛期，他毅然搁下自己的创作，全心全意地扑在戏剧出版事业上。他甚至主动放弃“铁饭碗”，把自己的行政关系从剧协转到自负盈亏的出版社，与全社同志同甘苦、共命运。这是一种何等可贵的牺牲精神啊！

我于1992年离开了出版社，我对它的回忆，也就到此为止了。

我虽然离开出版社了，退休了，而我的心却永远和它在一起。

（本文所用资料主要来自笔者的回忆录《文山探宝——编辑生涯纪事》[①]）

① 杨景辉：《中国话剧艺术漫论》，新华出版社2013年3月出版。

宝文堂纪事

周　明[①]

宝文堂书店成立于清代同治元年，原为北京崇门外打磨厂的一家民营通俗出版社。中国戏剧出版社成立后的第二年，宝文堂书店就并入作为副牌。开业之初，曾得到老舍、赵树理、张恨水、路工等人的关注和支持。自 1958 年至 1989 年，共出版了约 1700 余种文学艺术、文化教育等类通俗书籍，并在经济上支持了出版社专业书籍的出版和剧协机关福利。

1980 年随着中国剧协开始恢复工作，中国戏剧出版社仍保留的宝文堂副牌，也迅速恢复了出版业务。在出版社内，设有以李庶同志为总编的小型编辑部，坚持出版了《中国古典文学普及丛书》、《外国文学名著普及丛书》、近当代小说选、诗歌选、中外通俗小说等书籍，定下了健康正派的选题格局，同时创造了一定的经济效益。

由于“文革”十年，文化凋零，人民群众迫切需要大量文化出版物，20 世纪 80 年代初期正是图书出版事业的蓬勃发展期。当时出版社的开办费有限，需要大家共同努力，壮大经济实力。宝文堂的出版物是全出版社共同开发的

① 周明：曾任宝文堂书店负责人。

产品：不仅有宝文堂编辑部，还有戏曲编辑室编辑的“传统戏曲、曲艺研究参考资料丛书”和金庸先生的三种新武侠小说；美术编辑室编辑的戏曲年画、连环画、挂历等产品；话剧编辑室编辑了当代通俗小说；外国戏剧编辑室出了外国电影明星传记、外国通俗小说等书，都为出版社做出了贡献，使出版社在经济上站稳了脚跟，戏剧专业出版物在资金上有所保证。后来，出版社先后在府右街西惜薪司胡同买了十套职工单元房、买了东四十四条66号一个小院、在大钟寺村买了2300平方米办公用平房。

1985年，《戏剧论坛》双月刊停办，宝文堂编辑部增加到6个编辑；1988年秋，增至10位编辑。社领导要求拓宽选题、扩大影响。而当时出版界经济形势已经渐渐看紧，出版社的出差费、广告费都要从严掌控。宝文堂出版的《现代百家诗》普遍受到好评，于是接着就出版了《当代百家诗》，配成双璧。《中国古典文学普及丛书》继续出版陈美琳节编的《儒林外史》等书。鉴于多年运动过后，一般人已不熟悉书信格式了，宝文堂编辑部请师范院校教师编选了一套三种“尺牍丛书”，出版后受到教育界的热情鼓励。编辑部编辑了《旅伴》丛书，是“口袋本”通俗小说的连续出版物。出版了儿童识字卡、《歌画谜》、歌曲活页。而《生活小丛书》则较早地步入日常生活领域，如教人怎样看戏、怎样鉴别首饰及怎样做保健按摩、如何学电子琴、围棋、扑克、麻将和钓鱼等。当时编辑部看到书法是成本低、面积大的业余爱好活动，便请书法家欧阳中石先生等帮助编写了《宝文堂五体百家姓字帖》《宝文堂五体千字文字帖》，销路尚好，至今每年都在再版。后来还出了双色套印的《宝文堂五体千字文》《成才之路钢笔字帖》以及《书法美学引论》等，一时显得多样和热闹。

至于如何扩大影响，主要是靠出版物的效果。同时，在不花一分钱广告费的情况下做努力。宝文堂编辑部积极参加社会上各种庆祝、展示性活动，广交朋友广开路。宝文堂出版了一本《笑谈相声》，结合实例讲相声艺术的种种门道。在电视台播讲时，每一讲后面都加一句“此书由宝文堂出版发行”，台方和作者都很乐意相助。当时拉萨发生了动乱事件，刚好藏族专家降边嘉措编写的《格萨尔王全传》(中国三大民族史诗之一)印就出版，于是就申请民族事务委员会批准，举办大型发布会。承蒙帕巴拉·格列朗杰活佛热情支持，民族文化宫免费提供场所和服务，开了个盛大热烈的会议，按照藏族习惯，还有通宵联欢活动。由于宝文堂做了一件促进民族团结的事，得到了国家出版署的表扬。《团结报》《侨声报》《华人世界》等十多家报刊相继发表了介绍宝文堂的文章。《人民日报》海外版曾对宝文堂做专访，当记者看到出版社的办公室只是用纤维板隔开的窄小房间时，十分感慨。

通过大家的努力，宝文堂逐步形成了自己的风格，即民族民间的出版路子。宝文堂版的中外名著普及丛书，许多种都是名家节编名著，如宋云彬节编的《水浒》、茅盾节编的《红楼梦》、周振甫节编的《三国演义》等，保留了原著的精华和特色。如今国学风甚热，有些“古籍白话今译”面目和内容迥然一新，使有识之士再度提起了宝文堂版本。宝文堂最早编辑出版的戏剧曲艺的小开本丛书，如，《齐如山回忆录》、槛外人的《京剧见闻录》、张伯驹的《氍毹纪梦诗注》、顾正秋的《舞台回忆》、章翠凤的《大鼓生涯的回忆》等，引起了业内人士的重视。20世纪80年代的《宝文堂百科历书》以传统的民间风格装帧和编排，如今在今天的潘家园市场已是身价倍增。当然，这些都是出版社编辑、美术、出版、发行、行政全体人员共同努力的成果。

宝文堂编辑部的全体同仁都很勤奋敬业，经常业余上图书馆，逛书店、书摊，出席学术活动，了解文化动态，努力开发选题，物色作者；在工作中大家团结合作，默契配合。后来，在工作组进驻整顿检查后表明，在通俗出版物中没有掺杂低俗的东西，没有发现经济问题。

1990年奉上级指示，停止以宝文堂名义的书籍出版，社号交由待建的大众文艺出版社使用。分管出版社工作的领导作了具体的安排，筹划组建新的出版社，去开辟新领域。

走过的足迹

——纪念中国戏剧出版社成立六十周年

张 榕①

题记：雪泥鸿爪，雁过留声，每个人都应该有自己的颜色，于浩瀚的时光荒原中留下一抹璨然的闪光。——忆当年

白云苍狗，沧海桑田。由田汉先生创建的中国戏剧出版社已走过了六十年历程。一种无形沉潜的回忆，由于需要居然在多年后再次将早已淡忘了的影像或尘封已久的记忆或篇章有搅动了起来，还是那么逼真、美好！在捡拾历史里程中仍汲取到其自身生命的原动。

1980年初，当中国戏剧出版社重新组建时，我来到出版社，在外国戏剧编辑室工作。最初是葛老（葛一虹老师指导），不久杨知老师即来到出版社，任副总编兼外编室主任。应当说，杨知老师领导的外编室，曾为中国戏剧出版社开辟了大量的图书天地。杨知老师毕业于北京大学外语系，他不仅精通

① 张榕：中国戏剧出版社原副编审。

中外戏剧理论与创作，而且以一种理性的思维和文化良知，将整个外编室构建出一种灵动的文化氛围，从而使全体人员能在他的启示下有感于外部世界的精彩与戏剧文学史的厚重，而努力开拓、探取。

当时我们出书的主旨就是给予尚在荒蛮的或者无知的中国戏剧人介绍与引进世界戏剧史、戏剧创作、表演理论以及各种流派的发展与传承，从亚里士多德的古希腊史、贺拉斯的古罗马史，到斯坦尼斯拉夫斯基（苏）的现实体验主义、布莱希特（德）的表现主义、布列来（法）的超现实主义、萨特（法）的存在主义，直至尤涅斯库（法）的荒诞派戏剧等。其中包括悲剧、喜剧、悲喜剧、浪漫主义作家及其剧作与理论，包括移情论，唯美主义、象征主义、神秘主义、未来主义、直觉主义以及意识流等。我们常与戏剧界、中央社会科学院、中国戏剧学院、上海戏剧学院等单位的专家、学者举行座谈，梅绍武先生、杨宪益先生、范之龙先生、王焕生先生、龙文佩教授（女）等都是座上客。我们也常去青艺、人艺或出差到上海戏剧学院、广东话剧院，他们也常来北京与我们会面。在与专家学者的研讨、交流中，我们获取了林林总总的信息场，并将这些已知的感受缩接起来，从中抽理出一部部真实的、有价值的选题。

当时，外编室组织了多套丛书，在此只重点讲三部：

①《外国当代剧作选》共六卷本。其中我责编了第一卷《尤金·奥尼尔剧作选》（1988 年 11 月第 1 版，由上海戏剧学院龙文佩教授主译的）；第四卷《阿瑟·密勒剧作选》（1992 年 2 月第 1 版，由梅绍武先生主译的）。

②《外国戏剧理论小丛书》多本。其中我责编了：

《空的空间》（1988 年 8 月第 1 版）

《荒诞说——从存在主义到荒诞派》（1992 年 4 月第 1 版）

《情节剧》（1992 年 5 月第 1 版）

《德国表现主义——托勒尔与凯泽》（1992 年 8 月第 1 版）

《残酷戏剧——戏剧及其重影》（1993 年 2 月第 1 版）

③《美国好莱坞荣获奥斯卡金像奖的演员传记》：

我责编了多部，如《伊丽莎白·泰勒》《英格丽·褒曼》《罗伯特·泰勒》《奥黛丽·赫本》《凯瑟琳·赫本》等，因年代已久，都已散失。

如今只余下：

《劳伦斯·奥利弗传》（1983 年 7 月第 1 版）

《约翰·吉尔古德》（1986 年 6 月第 1 版）

《简·方达》（1986 年 6 月第 1 版）

《蓓蒂·黛维斯》（1988 年 6 月第 1 版）

《马龙·白兰度》（1989 年 1 月第 1 版）

《琼·克芳馥》（1989 年 2 月第一版）

这套丛书颇受读者欢迎，读者与这些演员的人生魂魄与共，无限快乐。

在此期间我还负责编了一些单本图书：

《当代美国剧作家》（1982 年 7 月第 1 版）

《古罗马戏剧三种》（1985 年 5 月第 1 版）

《西欧戏剧理论》（1985 年 12 月第 1 版）

《简明世界戏剧史》（1986 年 8 月第 1 版）

《编剧艺术》（1987 年 1 月第 1 版）

《世界戏剧艺术欣赏——世界戏剧史》（1987 年 6 月第 1 版）

《英国戏剧二种》《王尔德与平乃罗戏剧》（1987 年 8 月第 1 版）

《悲剧：秋天的神话》《喜剧：春天的神话》（1992 年 7 月第 1 版）

《戏剧舞台上的日本美学观》（1999 年 3 月第 1 版）

除此：

① 翻译了《奥尼尔的父母与奥尼尔的剧作》收在《尤金·奥尼尔剧作选》中。

② 刘国彬合译了《西恩·奥凯西传》（由英若诚老先生提供原书）（1987 年 6 月第一版）。

③ 编辑并校译了当时风靡一时的美国小说家西德尼·谢尔顿（Sidney Sheldon）的两部畅销书《镜子里的陌生人》（*A Stranger in the Mirror*）和《裸面》（*The Naked Face*）（1989 年 5 月第 1 版）。

④ 编辑了由美国作家斯图尔特 A·奎因和罗伯特 W. 哈本斯坦（Stuart A. Queen and Robert W. Hobenstein）合著的《世界婚姻家庭史话》（*The Family in Various Cultures*）（1991 年月第 1 版）。

在开拓国内图书市场方面，代表图书有：

Ⅰ. 我责编的图书：

①中国文联“晚霞工程”陈颙的《我的艺术舞台》（1999 年 4 月第 1 版）陈颙：第八届、第九届全国政协委员、中国戏剧家协会常务理事、中国青年艺术剧院“艺术委员会”名誉主任、享受国家“政府特殊津贴待遇”。1997 年 9 月 18 日“参加世界华人女艺术家展览”入选者。从 80 年代初我和陈颙老师相遇、相知到 2004 年 4 月陈颙老师因病猝然离世。我们一直是挚友，我很怀念她。

②《世界名著童话大观园》（A、B 两册）（1994 年 9 月第 1 版），

该书包罗世界著名童话。

③《女人是水做的》(1997年1月第1版)该书作者文笔飘逸，风格孤俏。

Ⅱ.我和李宝云合作责编的图书：

①《肖全夫征程记》(该书精、平两装，1996年6月第1版)

该书由迟浩田题写书名，刘华清、张震等人题词。此书曾获佳评："该书无一差错"，为我社带来好评。

② 远东军史话:《战乱中的女人——中国女兵蒙难野人山》
《战乱中的女人——日本女兵丧身兴安岭》(1997年9月第1版)

此书作者经过多年史实研究，该书有可读性。

那时，我们工作十分繁忙，但也十分快乐。我们只是企望寻找一种人文领域的艺术文明，将横亘千古的世界艺术领域的精彩呈现出更多的具象，从而寻找一种更积极的生命观照、一种精神的超逸、一种更好的追求。

对比从前，当今纸质图书步履维艰，名著或图书在文化方位上受到不小的、可以想见的冲击。樊国宾社长、总编及全体编辑在这种大环境下尚能不断开拓、不断耕耘、并取得不少的成果，可以想见其中的付出与艰难。可幸的是，据知社里现职大都学位很高，有足够的学识视野和人格魅力，总可以产生更多的、更新的文化现场。

让我们共祝中国戏剧出版社成立六十周年！愿她永远繁荣！

为中国戏剧出版社成立六十周年作

七律，首尾藏头“中国一绝”

苏明慈①

中华文化五千年，
国粹泱泱百代传。
田汉高歌擎义勇，
宝文开印耀氍毹。
群贤奋斗荣花甲，
丹卷丛芳振剧坛。
一社名来膺国宝，
绝应珍重舞尧天！

① 苏明慈：戏剧史评论家、理论研究家、中国戏剧出版社原编审。

欣慰的回忆

周育英①

我在本社工作了二十余年，二十多年不算短，是我从事戏剧工作以来所到过的单位中，最长的一段时间。当我一步一步走向夕阳，走向衰老，重温这段编辑生涯，至今有些留恋。

出版工作是积累历史文化不可或缺的事业，丰富我国历史文化宝库，离不开出版工作。中国戏剧出版社自20世纪50年代创建以来，为保留我国当代优秀戏剧成果、介绍中外戏剧名著、戏剧理论、戏剧人物等，做出不少贡献。本社当年的副牌“宝文堂”成立于清代末年，距今已有120余年的历史，在东南亚一带颇负盛名。由本社“宝文堂”出版的不少通俗读物，深受广大读者的喜爱，其中广受读者关注的《鹿鼎记》《天龙八部》《彭公案》《施公案》《包公案》等小说，还为我国戏剧、影视创作、改编等提供了丰富的创作素材。

20世纪80年代我在《剧本月刊》任编辑时，和本社都住在东四八条52号中国戏剧家协会所在办公大楼。本社在楼上，《剧本月刊》在楼下，本社不断出版的戏剧方面的新书，为住在同楼的《人民戏剧》(现名《中国戏剧》)、《剧

① 周育英：中国戏剧出版社原编审。

本月刊》编辑提供了先读为快的便利条件。本社编辑出版剧本单行本时，我和《剧本》的一些编辑还参与过。当时本社领导和编辑同行们对待工作的敬业，给我留下深刻的印象，我就是在那个时候，动了到本社工作的念头的。

《剧本月刊》和本社同属中国剧协部门，我到本社工作不需要办理繁琐的手续，只是从楼下搬到楼上，换一下办公室而已，于是不久我便来到中国戏剧出版社。

我到本社工作时，正是本社人才济济，经营良好的好时候。我所在的戏曲编辑室，编辑业务气氛浓厚，大都是资深编辑，知识全面，经验丰富，他们并没有把我当外人，我们很快打成一片，彼此相处很融洽。我还记得，我在编辑《古今戏曲楹联》时，由于本书是搜集整理成书，不是原作，书中有些年代久远的对联，或格调不够高，或词句比较平庸，我想删除，作者表示不同意。本室一位老编辑见我编辑此书中有些犯难，便主动告诉我对待此类书藉的编辑如何处理比较稳妥。在他的帮助下，本书不但得以如期出版，出版后，还收到较好的社会效果。

还有一件事，是我在编辑出版《上党傩文化与祭祀戏剧》一书时，与本社校对科的一次合作。本书是一部研究山西上党地区傩文化演变过程的重要书藉。史料、理论二者兼备，全书拥有120余万字，60多幅插图，内容丰富，理论联系实际，曾获国家优秀图书二等奖。20世纪七八十年代，上党地区先后发现了一批珍贵的傩文化史料，包括明代手抄本《迎神赛社礼节传簿四十曲宫调》、清代手抄本《唐乐星图》、《礼节传簿曲目文范》等，被戏剧界学者、专家称为："近几十年来中国戏曲史料的重大发现""戏曲史料研究之重大贡献"，本书作者从研究这批珍贵史料入手，结合当地民间所流行的迎神赛社民俗活动，详尽地探讨了当地迎神赛社与古代傩文化一脉相承的沿袭关系。本书研究内容，涉及古代至近历史文化、天文科学、宗教意识、村社百戏等多个领域，比如日月运行轨道所经天区各个星座的神灵化，远古先民敬奉日月星辰自然神的民俗活动，古代迎神赛社祭祀礼节程序，古代音乐分类与天神相配、从巫觋到近代崇拜“神灵”的转化等。该书内容由于大都是流传年代久远的手抄本，缺字、断句、错字、别字较多，我编辑起来已感非常吃力，占用多月时间才算完成编辑任务，而该书初校样出来后，交与本社校对科，大约用了一个月，就已校对完毕，而且还挑出书中不少毛病。这次与本社校对科的合作，令我十分感动，他们对待工作的敬业、认真负责、专业过硬，给我留下深刻的印条。当我把此校样校对情况告诉本书主编寒声先生时，他立即举起大拇指对我说：“你们的校对真过硬，一般校对只管对红，根本挑不出毛病。”本书所以获得国家奖，其中有本社校对科的一份功劳。像这样的例子还有很多，不再赘叙。

我到本社工作没几年，本社已经搬出东四八条52号，先是在灯市口一带租房办公，后来买到大钟寺附近的一个招待所，才算结束租房办公的日子。无论是租房办公，还是所买下的新办公地点，办公条件都不算好，没有现代化办公设备，大钟寺办公地的平房办公室里甚至没有暖气。即是如此，大家还是各尽其责，一心一意为本社多出书，出好书的共同目标努力工作。当前社会上所流行的《曹禺文集》，戏曲史志、戏曲、话剧、外国戏剧表、导演理论专著、优秀剧本选集、人物传记、戏曲剧目辞典、曲艺辞典、戏曲音乐、美术专著、流派唱腔集、优秀小品集、戏曲脸谱集、戏曲话剧影视教材等，有不少都是那个阶段由本社出版的。那个阶段所出版的每一部书藉，都融入了编辑的不少心血，本社出版、校对、全社上下工作人员，也都为出版那些书藉付出一定的努力。中国戏剧出版社原本是一个很好的工作团队，即使是随着市场竞争的严峻，本社经营惨淡，甚至一段时间是在岗人员只能拿到半工资的情况下，大家仍没有对街工作消积怠慢。我的相册里有几张本社庆祝30周年的老照片，每每看到这些照片上熟悉而又年轻的面孔，心里就有一种说不出的滋味，非常怀念那段时间与大家一起相处的时光。如今我们这一代编辑已经退休离岗十数年，但我的心依然留在社里，因为本社永远是我温暖的“家”。我相信后来者居上，相信我社新一代编辑一定会在社领导的带领下，以更加优异的编辑成果，奉献给广大读者。元代戏剧家马致远有一句剧词：“前村梅花开尽，看东风桃李争春。”这句话正是对我社后辈编辑同道的最好写照。

从一件小事看一虹先生的人格魅力

方育德[①]

大约在1982年春天，那时，我一方面在继续做搜集、整理、编辑田汉著作的工作，同时，还担任《戏剧论丛》季刊的编辑，两方面的工作要兼顾着做。一次，我到一虹先生家里，向他汇报关于田汉著作的编辑进度等情况。汇报结束时，我说，一会儿我还要到西苑大旅社找一下正在北京开会的陈白尘同志，请他写一篇纪念阳翰老八十寿辰的文章，这事原来由另一位编辑跟他联系，但几个月了，白尘同志一直没答应写，编辑部要求我趁他在北京去找他一趟，向他约稿。这事本来不直接归一虹先生管，一虹先生当时是戏剧出版社社长，《戏剧论丛》已经划归戏剧出版社，但一般他好像不很过问杂志编辑部的事。我不过是在快要离开的时候随便说一下当天还要去做的另一件事。没想到，一虹先生当时就跟我说："那你就以我的名义请他写一下。"

记得当天下午，我到西苑大旅社陈白尘先生的房间，向他约稿时，当我转达了一虹先生的意见后，白尘先生这才说出了几个月来一直没答应写稿的原因。他说，夏衍同志八十寿辰之前，他写了一篇纪念文章，寄给夏衍同志，

① 方育德：中国戏剧出版社原编审。

征求他的意见，夏衍同志不同意发表，结果，他就把文章给撕了。现在，要我写的话，你们得先征得阳翰老的同意。我一听，原来如此。确实，前一件事是很没面子的，一个大作家，被另一位地位比他高的大作家给闷回来，确实很为难。但是，我一想，夏衍同志可能为了坚持不让人为其祝寿而不太好说话，而阳翰老据说比较好说话，这事不一定难办，于是，我就答应了陈白老的要求，离开了西苑大旅社。回单位后，我用电话向一虹先生汇报了此事，一虹先生说："那你就以我的名义去找一下阳翰老。"因为找阳翰老还必须向剧协领导汇报，我就找了刘厚生同志。厚生同志说："你就以一虹同志和我的名义去找一下阳翰老。"

有了这两块令箭牌，我心里就比较有了把握，到新街口阳翰老家里，说了编辑部、厚生同志、一虹同志、白尘同志的意思，阳翰老当时就很痛快地答应了。等我再到西苑大旅社陈白老房间时，陈白老跟我说，阳翰老已经来电话了，我回去写了就给你们寄来。他回南京没多久，就把文章《阳翰老与中华剧艺社》寄到了编辑部。文章得以在这一年的第 2 辑发表。

事后，我脑子里对这件事做了总结回顾。为什么前一位编辑约不到稿子，因为他不知道原因，而陈白老的特殊原因，一般情况下是不会说的。谁愿意把很没面子的事轻易地向别人透露？他之所以能说出原因，完全是因为我用了一虹先生的“名义”。这是至关重要的。陈白老为什么能向我说出心里的纠结，完全是看在一虹先生的“面子”上。同样是文化人，有的情况下不一定给“面子”。陈白老在心里很不痛快的情况下，面对一虹先生的请求，毅然将尴尬之事全盘托出，这需要多大的推动力！这说明，一虹先生为什么对于陈白老来说这么有“面子”，很大的一点，是因为一虹先生身上具有非常令人钦佩的人格魅力。

一虹先生的人格魅力是多方面的，我想，大概主要有忠厚、儒雅、敬业这三点。

一虹先生的忠诚厚道，是不显山不显水地默默地体现在他的日常生活之中的。几乎从来没听见他向我们宣传要如何如何才能如何如何，但他的一言一行，把忠诚厚道深深地蕴蓄其中。“文革”前，田汉先生曾经对他说：“将来出我的文集，要依靠你了。”当时一虹先生具体负责中国戏剧出版社的事，田汉先生作为剧协领导兼社长，把这件事托付给一虹先生，表达的既是一种愿望，也是最正常不过的工作，完全没有非完成不可的强迫性表示。但一虹先生却把它记住了，二十多年以后，在经历了“文革”的劫难以后，他依然铭记在心，并且，他用68岁至90馀岁的光阴，一直在为出版田汉著作、推动田汉研究不懈地努力着。孔子说：“居之无倦，行之以忠。”一虹先生就是这样毫不疲倦地忠于田汉先生在几十年前的嘱咐。可以说，没有一虹先生的奔走，就没有以夏衍为主任的田汉著作编辑委员会，也没有中国田汉基金会、田汉研究会。

一虹先生的厚道，我是从他的一句话里无意间体会到的。不记得当时我到他家汇报什么内容时，他说了一句我当时来说颇为意外的一句话：“江青的书现在还在我这里。”我当时仅仅是意外，而当后来因为工作的关系，在查阅三十年代的上海《铁报》等报纸后，我逐渐理解了这句话的众多内容。江青和某著名导演之间的事，当时闹得沸沸扬扬，满城风雨。后来，江青离开上海，一虹先生曾经前往相送。而无论是“文革”前“文革”后，一虹先生都对这类事保持缄默。这体现出一虹先生从不议论人非的高贵品格。老子曾经对孔子说：“聪明深察而近于死者，好议人者也。博辩广大危其身者，发人之恶者也。”一虹先生不仅是实践老子之言的深自克励者，而且，以其宽博的胸怀，冷静地对待面前的一切。这不仅是规避灾祸之道，更是人的修养品格。

我在上面所说的自己遇到的一件小事，也充分体现出一虹先生的厚道品格。我与一虹先生说起要去约稿的事的时候，我完全不知道一虹先生能对这事有所帮助，一点请求帮助的意思都没有表示，但想不到，他几乎不假思索，立刻说出了可以“以我的名义”的话。我和他年龄相差三十多岁，他又是我的领导。但他完全没有人们想象中的领导的架子，而是像一位呵护小辈的大人，主动地毫无牵挂地立刻上前予以扶持，充分体现了他的宽厚长者之风。

儒雅，体现在一虹先生那里，我以为，更多地表现在他一生都把目光注视着国家民族的文化进步上。三十年代在上海与章泯一起创办《新演剧》杂志，就积极探讨中国新演剧运动与民族革命事业的关系；后来在中苏文化协会，包括翻译后来产生巨大影响的剧本《带枪的人》等，大力推荐当时被看作是进步方向的苏俄文化；1940年春季在国统区文化界关于“民族形式”问题的大论争中，提出“我们为要表现中国人民的思想与感情，觅求中国作风与中国气派的民族形式”等重要观点；抗日战争胜利后，在险恶的政治环境下，主持以介绍苏联文化为主的天下图书公司；新中国建立后，担任中国戏剧出版社、《外国戏剧》杂志、外国文艺研究所、话剧研究所等单位领导期间，积极为中国的戏剧文化事业添砖加瓦。他这一生，据我与他接触期间观察，除了为文化事业发展操心操劳，可以说是心无旁骛。戏剧出版社有的领导人认为光把眼光放在文化而不照顾赚钱不行。应该说，从办好戏剧文化企业来讲，必须要强调增强经济实力，但一虹先生把眼光先放在文化事业上，在此基础上兼顾经济效益，也是人们生活于世的一种选择，并且这种选择的结果不一定不赚钱，一虹先生当年办天下图书公司就是成功的先例。以前商务、中华、三联的成功经验也应当说与此有关。一虹先生出身于诗礼之家，据嘉定地方志，他的祖先曾是咸丰三年（1853）进士。旧时北京民居门上有对联“忠厚传家久，诗书继世长”。一虹先生的儒雅之风，体现在他对“诗书”即文化事业的继承、热爱上。无论他从事文化的哪一方面，都有可以在史书上值得记载的内容。儒雅，不是空有其表，而是实实在在为当代文化做出自己的贡献。一虹先生在文化事业上所做出的贡献，可以使其独立于世，足以为人师表。这才真正称得上是儒雅之士。

对一虹先生的敬业精神，我有间接和直接的体会。间接的体会来自一次在戏剧出版社接待台湾学者。大约在20世纪九十年代中期，一次，社会科学院的王卫民先生带来了一批台湾学者，为首的是曾永义教授，还有他的几个学生。我作为发行部负责人接待了他们。在挑选他们需要的图书时，其中有一位大概是女教授跟我说："你们出版社出了不少好书。"他们走了以后，我开始琢磨这句话，然后再仔细阅读社里的出书目录，一下让我感觉到，在我们的老前辈的努力下，戏剧出版社确实出了不少好书。这其中就有一虹先生等人的不可磨灭的贡献。可以说，在台湾那种体制和条件下，他们是不可能出版这些专业性很强的图书的。因为这些图书的工程量大、读者面窄，台湾的那些私人出版社恐怕谁也难当此事。而我们的包括一虹先生在内的出版社前辈，孜孜矻矻，不懈奋斗，为了中国的文化传承，一砖一瓦地在砌着新的戏剧大厦。没有他们的敬业精神，就没有我们出版社图书目录上的那么多好书。

直接的体会来自我在一虹先生手下工作期间。他作为领导，直接指导我搜集、整理田汉著作的工作。先是搜集田汉诗词。我每次搜集整理一批，就送一批给他审阅。为了负责，他看完第一批整理的诗词后，让我请人打印并装订成册，然后分送田汉著作编委会各位领导，请他们提出意见，回来后汇总确定正式发稿本。一共打印了三四批，每次一虹先生都非常郑重其事，毫不马虎。后来整理文章部分，也是如此。他必然要仔细阅读全部稿件，对每一个字都不放过。按理说，七十多岁的年龄，可以只看一个大概，不必每个字都细看。但可以看得出，一虹先生从来没有这样一个习惯。他对每一篇稿件都不会放过。正是他的这种敬业精神影响了我，所以我对搜集、整理田汉著作也认真负责了起来，也才有后来众人一起完成的《田汉文集》16卷、《田汉全集》20卷。

在万佛华侨陵园的一虹先生伉俪墓石上，刻着一虹先生亲笔书写的苏轼的诗：“人生到处知何似，应似飞鸿踏雪泥。泥上偶然留指爪，鸿飞哪复计东西。”一虹先生正是高翔的飞鸿，一生一世为了中国的文化发展，以其无复考虑个人任何“东西”的品格，为我们在地球上留下了清晰的痕印，值得我们永远怀念。

然诺之心　人天可鉴

——忆葛一虹同志对田汉著作出版的无私贡献

方育德

一

1979年4月25日，田汉追悼会在八宝山革命公墓举行。同年，当时借调在中国戏剧家协会研究室工作的原武汉戏剧家协会主席龚晓岚先生（大家都叫他“龚老”），怀着对田汉同志的无限深情，搜集、回忆了田汉的三十余首诗，并做了注释，提供给当年创刊的《长江》文艺丛刊发表了。读着这些诗作，许多人都很激动。中国戏剧家协会的一些老同志都说，当年田老还写了很多诗，可惜经过“文革”，很多都散佚了。在许多同志（包括上级领导）的提议下，当时的中国戏剧家协会研究室主任（原香港《文汇报》主编、国务院侨办主任）吴荻周同志（他的年龄比龚老还大7岁。他曾经跟龚老说，他解放前坐了7年国民党的牢；减去7年，正好和他一样大。我们都尊称他“吴老”。他是一位很和蔼的长者）跟我说：“小方，你和龚老，就做一下田汉诗词的搜集工作，将来编一个《田汉诗词选》。”由于当时龚老的工作很多，我就专职做起了田汉诗词的搜集整理工作，并随时将工作成果回来向龚老汇报，请他纠正，指示进一步工作的目标、方向。当时，大力支持这一工作的还有研究室副主任（后任主任、剧协书记处书记）陈刚等同志。在领导们的鼓励、安排下，我拜访了北京和外地的许多老同志，到各图书馆查阅了大量资料。其间，还曾出差到上海、南京、昆明等地。在这过程中，得到了田汉的很多生前友好、学生等的大力支持。

到1980年初，中国戏剧出版社从人民文学出版社分出，回归中国戏剧家协会领导，葛一虹先生在此时兼任了中国戏剧出版社社长职务（文革前，葛一虹曾任中国戏剧出版社常务副社长。他当时的工作关系在中国艺术研究院前身文化部文学艺术研究所的话剧研究所，任所长）。中国戏剧家协会书记处决定，将田汉著作的搜集、出版工作交由葛一虹先生具体领导。大约在春节后的一天，陈刚同志叫我去见葛一虹先生。于是，在一个下午，我来到了南小街顶银胡同内的后椅子胡同1号葛一虹先生的家。这是一个独立的小院。门向东。一座方形的二层小洋楼矗立在院子中心，看来已经很久没有进行维修了。我找到楼梯，来到二楼，首先映入眼帘的，是一排二十四史线装本的组合式书柜，显得极其古色古香。原本正伏案工作的葛一虹先生听见我来到楼上，便站起身，伸出清瘦的手和我轻轻握了一下，然后，很斯斯文文地招呼我来到他身后的沙发上坐下。

我说明了来意，汇报了前一阶段工作的大致情况。他对此做了肯定后，接着说："当年在戏剧出版社成立时，田老跟我说，将来出我的文集，要依靠你了。我答应了下来。现在，田老已经不在了，我们更要做好这件事。"

说实在，在这时候，我根本没有去掂量这句话的分量。我只是把它看作是例行公事，服从上级安排。根本没有想到，这句话，对于葛一虹先生来说，有多么的重要。更没有想到，他为了实践这句承诺，竟付出了后半生的很大一部分时间。记得一虹先生在说这句话的时候，说得很平静，几乎波澜不惊，看似很不经意。但现在回想起来，他和我说这句话的时候，距离戏剧出版社1957年成立，也已经有大约24个年头。尤其是经历了"文革"，他却一直牢牢地记着这句话。可见，从承诺的那一刻起，他就已经把这句话作为自己的一件必须完成的任务，铭刻在心里了。从1980年他68岁，到大约90岁前后，约二十多个年头，他不顾自己清癯的身躯，一直念念不忘为出版田汉的著作操劳。

二

一虹先生是一位不事张扬的儒生，做事极有条理分寸。我不知道成立田汉著作编辑出版委员会是谁的提议，但我知道，具体筹划建立的事宜，主要是他在默默地进行。由于历史的原因，他和夏衍、阳翰笙等的关系极熟。一虹先生虽然职务不算高，但一些文艺界领导人对他都很尊重。据说，1957年反右时，周恩来总理曾向文艺界领导打招呼，剧协的张颖和葛一虹不能被划为右派。因此，他利用这一便利条件，可以很方便地随时和文艺界的一些领导及著名人士联系。

记得在和我谈话不久，他就在工作中和我们谈到了成立田汉著作编辑出版委员会的事，并且具体提出了人员名单。他还谈到，这个名单，已经请示过夏衍同志，大体上同意了。后来，在这一年春天的一个下午，他通知我来到位于王府井南口的对外友协夏衍同志的办公室开会。这是一座漂亮洁净的小洋楼，完全没有当时其它地方的西式建筑的那种破旧相，让人看了特别舒服，能够透心地感觉到这种建筑的别样景致。夏衍同志的办公室呈圆形。在他的大办公桌前环放着一圈沙发。先来的同志告诉我，这以前是廖承志同志的办公室。在会上，葛一虹先生具体讲述了编辑出版田汉著作的一些设想。夏衍同志说，田汉早期的一些文章，就不要收进去了。记得夏衍同志在会上还特别提出，田汉纪念鲁迅的那首诗，后来他（指田汉）自己做了修改。在编辑出版《田汉文集》时，我们在《纪念鲁迅逝世周年》一诗的注释中，体现了夏衍同志的这一意见。直至2000年12月出版的《田汉全集》，我们始终保持了这个做法。

会后，我们来到对外友协的院里，在小花园的绿篱前，当时借调在中国戏剧出版社的费文麓为我们留下了合影。这就是后来收在中国电影出版社1985年出版的影集《夏衍的电影道路》中署名为“文艺界人士合影”的那张照片。照片上有夏衍、曹禺、马彦祥、吴荻周、龚晓岚、葛一虹、苏凡、曹孟浪等。文艺界的几位著名人士在一起合影，现在回忆起来，机会好像并不很多。这张照片现在真是非常珍贵。

为了推动田汉著作的编辑出版，促进田汉研究工作的进一步开展，大约是1982年左右，在体育宾馆，召开了一次有全国各地来的同志参加的田汉研究学术讨论会。剧协的领导对会议都很重视，赵寻、刘厚生同志基本上天天到会，一虹先生和研究室的陈刚等同志则是具体负责。这次会，请来了很多名人，甚至当时很少在公众场合露面的唐若青也参加了。这不能不说是一虹先生们的努力所致。在平时的工作中，听他的谈话，你就能感觉到，他和文艺界的这些老人，有着多么亲切的关系。人们来参加会，一方面当然是因为田汉先生的人格魅力，但在当时的历史情况下，也包含了一虹先生等人的人格魅力。没有一虹先生们的努力，那样的会，就完全可能开成一个形式主义的、走走过场的会。我们在生活中不是常常见过这样的会么！一虹先生们的这种魅力是什么，我想，应该是他们对戏剧、对田汉、对中国人民的共同事业的一片赤子之心。人们尊敬他们的这种赤子之心，所以才会召之即来，并实实在在地来一起参加他们所发起的工作。我想，也许正是他们的人格魅力等等的原因，在这个会上，很多同志做了准备较为充分的精彩的发言，田汉同志的家属还表示了将《田汉文集》稿费捐献给国家的意愿。

应该说，田汉著作编辑出版委员会的发起、提名、组织，以及整个全流程的工作，都离不开一虹先生的策划、筹备。他是实际上的主事者。

三

在和一虹先生第一次谈话时，我向他具体地汇报了当时田汉诗词搜集工作的情况和进度。他听了以后，觉得由于是几乎从零开始，为慎重起见，有必要先将已搜集到的诗词印一个征求意见的油印本，把这个油印本发给各位熟悉情况的老同志，一方面听取意见，一方面可以推动进一步征集。事实证明，他的这个决策是非常英明的。油印本寄出去之后，反馈回来许多很好的意见，不少同志又提供了不少诗词和继续搜集的线索。以至于续编的油印本又出了大约四本。这对于以后《田汉文集》的如期出版，有着很大的促进和推动作用。

在整个《田汉文集》出版的过程中，一虹先生始终非常认真负责。并且以其对出版业务的特有的熟悉程度，指导着我们一步一步走向成功。

从一开始，首先是确定全书的规模。出多少册，如何分卷，他都在和我们研究商量且当时就非常熟练地做出了决定。他说，一般来说，文集的卷数，大都采用双数。各卷的厚薄大体差不多。这样出书以后放在架子上比较好看。根据这样的原则，很快就决定了《田汉文集》的基本框架。

对内容如何编排，究竟是按分类还是按编年，在经过权衡斟酌之后，决定全书各部分内容一律按编年的次序来编排。

为了贯彻夏衍同志关于早年的有些文章就不要收的意见，在编辑《田汉文集》第14、15卷时，一虹先生阅读了当时搜集到的田汉一生所写的全部文章。在征得夏衍同志同意后，《田汉文集》第14卷也适当收进了田汉早年写的几篇重要文章。这些文章，对于了解、研究田汉早期思想的形成，以及对田汉早期思想的正确评价，应该说是很重要的历史文献。图书出版以后，在读者中产生了很好的影响。这可以说是充分反映了一虹先生的慧眼和胆识。

田汉同志一生著作等身，收进《田汉文集》的大约有500万字。这500万字，基本上是从片纸皆无开始，到洋洋洒洒的16卷煌煌巨著，都离不开一虹先生的功劳。他一遍又一遍地阅读了这些剧本、文章、诗词。我们搜集到时，向他汇报，他要看；整体地做选编工作时，他要看；编出书稿的初稿时，他要看；定稿、出校样、最后付印，他都要看。可以说，他的看稿量，如果以字数来计算，应当是500万字乘上难以统计的倍数。如按每天看3 ~ 5万字计算，他该用多少时间？我常常是隔一段时间到他家汇报一次，尽管不跟他经常在一起，但从他所从事的工作的进度，我们很清楚地知道他所付出的劳动。他把后半生的大部分精力都交给了田汉著作的编辑出版。在田汉著作的编辑出版工作方面，一虹先生可以说是不遗余力。

四

在《田汉文集》出版前后，一虹先生还把很大精力放在了发起、筹备、成立田汉基金会和田汉研究会上。可以说，田汉基金会和田汉研究会的成立和发展，离不开一虹先生的呕心沥血。

成立田汉基金会和田汉研究学会的提议，大约是在体育宾馆的那次会上由一些老同志提出的。一虹先生主动承担起了策划、筹备这两个会的工作。当时，他除了希望我在田汉研究上多做一些工作外，并没有交给过我关于这两个会的组织、筹备的任何事，但每次我去见他，他总要和我说起有关基金会和研究会的进展。他在那时还主编了《中国话剧通史》，但他却很少和我谈起有关《中国话剧通史》的话题。可以想见，这两个会的事，在他心里占有多大的分量。

在编辑出版《田汉文集》之后，他还安排由方轸文同志具体承办、编辑了两卷本的《田汉选集》，1990年6月由四川文艺出版社出版。此事究竟是以田汉著作编辑出版委员会的名义，还是以田汉基金会、田汉研究会的名义联系的，已经记不清了，但有一个情节我至今记忆犹新。在当时，他曾经用浓重的嘉定口音跟我说：这样也好解决一些他的收入么（指出版社因此而会支付一些编辑费）。这也可见他心里是装着属下一些同志们的疾苦的。

在编辑出版《田汉文集》的过程中，人民音乐出版社想出一本《田汉作词歌曲集》，该社的戴于吾同志在20世纪八十年代通过一虹先生和陈刚等同志找到我，曾和我有过互通资料的多次交往，不知因何原因，他们的那本书久久未出。但正是因为有了田汉基金会，在孙慎、黎英海、向延生等同志的努力下，此书终于在2003年2月出版。在此过程中，一虹先生是始终的牵线者和指导者。

在很多同志的努力下，田汉基金会和田汉研究会做了许多工作，筹划、资助出版了《田汉代表作》（董健、屠岸主编，中国戏剧出版社1998版）；召开了多次田汉研究学术研讨会，尤其是在“非典”禁止举行公共集会前夕，还有许多学者勇敢地前来参加；出版了3期《田汉研究》专辑等等。但这都离不开一虹先生打下的良好基础。每当我参加这两会的活动时，总常常忘不了一虹先生当初为它们所做的许多工作。一虹先生在二十世纪五十年代的一句承诺，他用了跨世纪的二十多年的时间来践行，而且是他生命中非常重要、宝贵的后半生中的大部分时间。回想起来，不能不让人肃然起敬。一虹先生一介儒者，永远是我们学习的榜样。

编辑部的故事

刘国彬[①]

我到中国戏剧出版社工作，几乎是被我读研究生时的一个同学忽悠进去的。我原本是北京师范大学招的研究生，后被送往中国社会科学院研究生院作代培生，毕业后回北师大教外国文学。我的这位同学说我的普通话实在太差，并不适合当老师，会因学生听不懂而怨声四起，甚至会被轰下讲台。我一想也对，更何况我又没有教学经验。记得北师大为照顾我，曾让我到其分校教过英语，挣点外快补贴家用。因普通话太差，学生当面说我英语不错，普通话实在听不懂，憋得我脸红耳赤，无地自容。我的这位同学说我中文不错，到出版社当编辑倒是上策，可免沦为学生的笑话。我同意了，于是不知他通过什么关系，把我弄进了中国戏剧出版社。

到东四八条报到上班的第一天，我才知道这出版社是个什么模样：原来它在中国戏剧家协会第四层原先的一个小剧场里。出版社就是这个小剧场。观众席被用木板隔成一个个小隔断，这一个个小隔断便成了社长室，副社长室，总编室，美编色，资料室，财务室，宝文堂等。舞台则被打成三个隔断，分

① 刘国彬：中国戏剧出版社原编审、资深翻译家。

别成了戏曲编辑室，话剧编辑室和外国戏剧编辑室。我因为是学外语的，于是被分到了外国戏剧编辑室。三个编辑室中，戏曲编辑室最大，位于舞台北端，话剧编辑室夹在中间，外编室则在南面，被一个化妆室隔开。化妆室有道门通到外面舞台，但被木板钉死了，原因据说里面放有文化革命造反派破四旧抄家时抄来的各种东西。舞台东面墙外有六扇窗户，但都不敢打开，原因是楼的外面是平房区，居民生火做饭时的烟往上直冒。窗户一开，浓烟上冒，我们便成了烟熏的老鼠了。因此一到夏天，火热的阳光照进室里，这地方便变得像蒸笼一样，唯一终结高温的是靠每个编辑室的一个风扇。记得外编室只有十来平方米大，办公桌则是一人一张半新不旧的三屉桌和一把同样半新不旧的椅子，还有一个现在放在外面也没人捡的以供来访者坐的旧沙发。冬天一到，出版社由于是由小剧场改造而成，人也不多，空荡荡的，暖气烧的不足，衣服穿少了冻得里面的人缩手缩脚。见此情况，与我原先工作了差不多八年的研究所相比，几个人占一个南北向的大办公室，一人一张大办公桌加一把镶皮的大椅子，冬天暖气烧的让人冒汗的情况比起来，简直天差地别。我所在的原来的研究室，有三四十人，而出版社的外编室，加上我才四个人，即编辑室主任季定州，原是电影出版社编辑的罗小风，风韵犹存的张榕和我，真是徒有其名。见此情况，我就像一下子吃了几根冰棍，心里不禁凉了半截。

古语云：既来之，则安之。北师大肯定回不去了，自己既然选择了这一工作，先干一阵再说吧。原因是那时候跟现在不一样，而且我人际关系又极为有限，从这个单位调到别的单位并非易事。于是我就与我同是老乡的老编辑罗小风先生那里学习有关编辑的各个方面的工作，如组稿，审稿，编辑，发稿，印刷，样书检查和开印这几个方面。幸亏我干过七八年的军工情报翻译工作，研究生期间每个学习阶段都要写一份读书报告，就所规定的作家作品和有关评论的书目进行评述，再加上如卞之琳，朱虹，李文俊，董衡巽等导师的指导与毕业论文的写作，以及对季定洲老师编辑的《查理·卓别林传》与罗小风老师编辑的《戏剧剖析》（英国戏剧评论家马丁·艾斯林著，《荒诞派戏剧》一书的作者）等的学习，使我较快地掌握和熟悉了编辑这一工作。

记得我编辑的第一本图书是《钱拉·菲力普传》，译者是当时《对外经济贸易学院》（现在的《对外经济贸易大学》）的法语老师李明沛。关于这位影星，我记得在广州时看过他主演的电影《勇士的奇遇》，很喜欢这电影的故事和他的演技。法语虽是我自学多年的第二外语，但与我的英语水平相比差远了。我抱着学习的态度硬着头皮就原文和译文细看了一遍，冒昧就译文作了小许改动，交由译者看是否妥当，再请罗小风老师审读一遍，看是否还有问题并提出意见，然后才发稿。编辑这种工作，每编一本书，其实都是一种学习与充实，可以使人终生受益，我也因此很快爱上了这一工作。至于外国戏剧编辑室的简陋与丑陋情形，早就给我抛到九霄云外出了。这种情形正印证了古人刘禹锡在其《陋室铭》中所说的："山不在高，有仙则名。水不在深，有龙则灵……出入有鸿儒，往来无白丁……南阳诸葛庐，西蜀子云亭。孔子曰：何陋之有？"中国戏剧出版社，不就是这样一个地方吗？我哪能不爱上它呢？

编辑过这本书后，我接着责编了《费雯丽传》。这位女影星细腰且美丽迷人，其主演的的电影《乱世佳人》（改编自小说《飘（*Gone With The Wind*）》）世界闻名，译者是张学頣。我按编辑要求做了一些必要的工作，此书很快出版。岂料译者拿到书后，竟跑来生气地对我说："刘先生，你怎么把我的名字给改了？"我大吃一惊，忙问是什么回事。她说，我把頣 这个字改错了，改成了个颐和园的颐字，而这个字的写法，与"颐"字写法相似，只是左偏旁的"臣"字多了一小竖。原来如此！我于是赶忙道歉。这件事告诉我，这种移花接木，狗尾续貂，动辄大笔一挥，擅改书稿文字而不做核实，实为编辑大忌！这件事还告诉我，编辑工作无小事，特别是事涉政治，经济，宗教，民族等敏感问题，更应请示领导和上级单位，千万不要自作主张，以免铸成大错！不然的话，轻则变成笑谈，重则麻烦缠身。如若踩踏政治红线，则害己害社。

这两本传记的出版，社会反映不错，收益可观，于是便有张榕约稿并责编的《葛丽泰·嘉宝传》,《英格丽·鲍曼传》等多本外国影星的传记先后出版，形成了我社出版的外国影星系列丛书，社会反映良好。

后来，杨知先生从《外国戏剧》杂志编辑部调入我社任副总编兼外国戏剧编辑室主任。在他和葛一虹先生的领导下，我社决定出版一套反映当代外国戏剧理论与动向的丛书。记得朱以中老师也是编委之一。我虽非编委，但参与了书目的选定。我社于是先后出版了《迈向质朴戏剧》《空的空间》《荒诞派戏剧》《情节剧》《从存在主义到荒诞派》《从愤怒到超脱》等图书。这套丛书的第一本《迈向质朴戏剧》，是李魏时先生从英译本译出，而这英译本又是据波兰文译成英文的，因为作者是波兰人。我审读时对译文不太满意，认为可能是英译者波兰文水平不到家，故导致中译文也显得生硬。我建议请中国社科院文学研究所文美惠老师的爱人用波兰原文的版本重新翻译。一虹先生认为外国新的戏剧理论介绍进中国是越早越好，免得我们落后于外国而固步自封。译本即使有缺陷，可以通过将来重译或再版时进行修订而得到解决。马克思《共产党宣言》的中译本，也是不断完善的。老先生的这一看法，对我教益良深，因为我们对任何文化的态度都应是“取其精华，去其糟粕”，为我所用而不是拘泥于其表皮上的东西。这套丛书的出版，似一阵清风，送走了单一的酷热，又像一股清泉，润泽了戏剧研究者和戏剧创作者及戏剧演出者求新若渴的心田。这套丛书更是戏剧院校学生的必读之物并几次再版，取得了良好的经济效益。

有一天，我因事到《外国戏剧》杂志编辑部去，无意中看见书架上摆着三本一套的《现代戏剧的理论与实践》，出版者是英国剑桥大学出版社。我翻看了一下目录，知道是一套介绍西方现代戏剧包括剧作家、演员、导演、舞美、评论的图书，很多内容为我们所不知或知之甚少。此书堪称西方现当代的戏剧史，很有介绍给国人的必要。我向杨智先生推荐出版此书，他也觉得很有出版价值。此书影印后，由杨智先生约请多人参与翻译。我也参与了翻译并任责编。我翻译的部分，有几处不够准确。记得好像是讲当代的一个英国导演，执导威廉·莎士比亚的《李尔王》时，为了吸引眼球和追求舞台效果，让演员身穿纳粹军装和皮靴，头戴纳粹钢盔，手执纳粹冲锋枪上场。评论者认为这是“毁经坏典”的行为，我却译得不是很妥。后来发现了，但为时已晚。这个问题给我的教训是，在翻译时不能急于求成，应以严复的“信达雅”中的“信”和“达”来严格要求自己，不然的话，即使不至害人，也有“误人子弟”之嫌。

在出版社工作期间，我亲自进行选题和组稿的是上中下三册的《外国名剧故事500》。作此选题的原因，一是为了普及外国名剧的知识，二是因为普及型读物能为出版社带来利润。为了好卖，要求编写人员应打乱原剧的顺序，以讲一个有趣的故事的短篇小说的形式来介绍每部作品的内容。征得杨智先生的首肯后，我约请中国社会科学院外国文学研究所的文美惠和另一位俄国文学专家主持，由她们来列出改编剧目，然后分由研究所内各别语种的专家学者来编写。好不容易等了约一年，稿子终于凑齐了。我拿起稿子看了几篇，情况不妙！原来这些改编者几乎全是按照原剧的顺序编写了该剧的内容概要，远未达到我所要求的讲一个有趣故事的要求，实在令我大失所望。花了这样多的工夫，收获的却应了德国诗人海涅的一句诗：“我播下的是龙种，收获的却是跳蚤。”好在还不完全是跳蚤，但要从头做起，可却来不及了，何况还得得罪这么多人。这个苦果我只好吞下了，我只能怪我自己了。尽管此书出版后获得了图书三等奖，为社里挣到了点钱，我却高兴不起来。究其原因，是我设想虽好，当时却没形诸文字，要求作者严格按要求去做，只是草草跟文美惠老师交代了一下，责任完全在我啊！因此，约稿的事，约稿人应该以书面的形式把要求逐一开列出来，稿件的质量才有保证。这是我第一次约稿的沉痛教训！

在东四八条这间陋室里，我们还陆续出版了《威廉·莎士比亚评传》《莫里哀传》《梅耶荷德传》《西恩·奥凯西传》，并欲继续出版《易卜生传》《布莱希特传》《尤金·奥尼尔传》等世界戏剧名家的传记。可惜后来戏剧出版社陷入经济困境，这些图书的出版也无经济效益可言，会使出版社陷入更大的经济困境，因而只得忍疼割爱。但我责编的《威廉·莎士比亚评传》，有一件事我至今后悔不已。这就是由于我太主观，把张泗洋教授稿中论介莎士比亚的诗歌部分（包括两首长诗和众多十四行诗）撤了出来。原因是我主观认为，诗歌不是戏剧，没必要收在这本书内。此书出版后冷静一想，才知道不对。古往今来的戏剧家，很多也是有名的诗人，如威廉·叶芝和 T. S. 艾略特等便是。莎翁的剧本，几乎都是无韵诗，因此只看其戏剧作品，实难全面评价一个作家。我提此事的意思是，对于来稿，不能因个人之见而随意裁撤，否则有只见树木不见森林之嫌。如要裁撤，应三思而行，或征求专家的意见，以免补救不及。

在罗小风先生责编出版了《舞台灯光》一书之后，我觉得还应出版已有外文版本的《演员论演技》《导演论导演》《欧洲戏剧理论》《世界戏剧史》等图书，使之成为一套丛书。这事我还与葛一虹和杨智先生商量过并得到他们的首肯。但世移事易，出版社经济捉襟见肘，这些图书和上述欲继续出版的剧作家传的图书一样，不是半途夭折，就是胎死腹中。

为打破出版社的经济困局，我曾提议我社副牌宝文堂出版有关爱情、侦探、军事、间谍、灾难、政治、历史等一套外国十大畅销书，由我联系社科院外国文学所的老师进行翻译。按当时的市场情况，肯定经济效益不错。可惜此事未成。我也曾以外编室的名义，组稿出版了《科学与世界二十大怪谜》一书并亲自写了出版序言，只是不知此书是否有助于社里的经济情况。随后，我到北京图书馆复印了《强奸论》一书，约请多人翻译并准备出版。此书虽涉及强奸，但绝不涉黄，是一本从社会学、历史学、心理学、行为学、昆虫学等方面从学术上对强奸这个问题进行探讨。出于书名太招摇，王正社长曾亲自审稿，由于当时的环境，社长也拿不准主意。出版部的刘书凯认为此书出版一定畅销，因为当时市场上没有此种图书。然而后来一波三折，最后还是胎死腹中。提起这些往事，并非自我表扬，而是想说“社之兴亡，编辑有责”而已。我社的后来者们，努力啊！

鉴于我社是专业出版社，由于市场经济的实行和娱乐的多样化，我社的读者群和市场日渐萎缩，单靠市场实难生存下去。为中华文化的繁荣，为中华民族的伟大复兴和中国梦的实现，我觉得政府方面应在财政上加以援手，使出版社得以为中华文化继续贡献其添砖加瓦的一份力量。

往事悠悠，不觉退休已快二十年。旧事难忘 ，现以下面这首打油诗来结束全文：

东四八条旧事

陋室一间不透风，夏烤冬冷乱哄哄。
编辑审稿似流水，组稿约谈类转篷。
君问为何乐不疲，我谓可与鸿儒逢。
外国戏剧多少事，又入八条旧梦中。

十年磨剑，白了少年头

郝一星[①]

作者按：这是我的编辑工作的真实记录，曾发表在《读书》杂志2001年第9期上。谨以此文献给中国戏剧出版社成立60周年。

——郝一星

说来这是20世纪的事了。

一部厚厚的书稿荒废在纸堆里，已经15年了。满腔热情，一番苦心，连同万般的无奈，就这样默默地躺在尘灰里，忍看春去春来，早已不再是期待了——出版遥遥无期，而终于成为了一种谴责和警示。

谴责会时时冒出来，折磨着良知。

愧疚的心永远无法面对的第一位长者是姜椿芳先生。

说来话长，长话短说。

1985年底，我从《外国戏剧》杂志调至中国戏剧出版社主持外编室的工

① 郝一星：中国戏剧出版社原编审。

作。在王正社长兼总编和副总编杨知的直接领导下，制定了五年出版规划，其中主要的工程是有计划地推出两套丛书，一套是介绍外国戏剧理论的，展示外国不同的戏剧观和导表演的各家学说；一套是介绍作品的，尽量收入世界名家名作。编这两套书的目的都是洋为中用，给我国戏剧工作者以借鉴。邀请了在京的专家学者讨论了多次，很快就开列出这两套书的书目。为确保这两套书的质量和学术价值，决定敦请戏剧界和出版界的前辈担纲主编。理论的那一部分请了葛一虹先生主编，作品的这一部分，老领导刘厚生同志的意见是想请姜椿芳先生出山坐镇。

转过年来，一个飘着小雪的日子，我随杨知先生来到北京西城南丰胡同7号，这是一座大宅门，院中套院，原来必定也是很繁华过的，现在早已成了大杂院，其中一个院落，便是姜椿老的寓所。客厅很大，中式厅堂，拆去了中间的隔断，高墙上悬挂着几幅古今名人的中堂条幅。姜老在午睡，外面雪花静静的飘落，客厅里也很静，等了一会，老人家出来见客，还连连道歉。

我们陈述了来意，诚恳地请他担任《外国当代剧作选》和《世界名剧精选》两套丛书的主编，老人又很仔细地看了我们开列的书目，答应了我们的要求，愿意担任这套书的主编。这实在出乎我们的意料，我们原来还担心老人年迈体弱，又忙于中国大百科全书的事（姜椿芳是中国大百科全书的创始人，在中国出版史上占有一席之地），不会参与这件小事。

姜老不是徒有虚名的主编，他既尊重我们的意见，又及时提出自己的看法，和他共事的感觉概括起来就是“学术平等，如沐春风”。

我提议这套书的出版宗旨由姜老主笔。不久，我就接到了姜老的回信：

一星同志：

要我写的稿子，一直没有提笔。来信催索，匆匆写了三短篇，其中现代剧作选有一、两稿，均供参考。

这样的东西要言简意赅，初稿很不成样子，要多些人参加推敲修改，故先行寄去，请你们共同修改，然后一起定稿。本来的意思，写得简短些，一写又写成拖泥带水的杂乱之章，故请多加讨论再为加工。如何？请厚生同志也参加修改。问好！

姜椿芳

姜老信中所说的稿子，是应约为《外国当代剧作选》写的出版说明，文字简短明确，后来这套书陆续出版了六册，每册卷前都有这段文字，现在读来，依然能想起到老人家生前的音容笑貌。

他一直关心惦念的是另一套规模宏大的《世界名剧精选》，我现在还保留着他给我的一封信：

一星同志：

关于《世界名剧精选》选题计划已经收阅。

我因治疗青光眼，于4月29日进同仁医院，5月20日右眼动手术，最近还要给左眼动手术，恐怕还要一阵才能出院。

《名剧精选》包括各国的著名戏剧，我手头没有资料，无法对每个国家的名剧提出肯定的意见。需要查阅、核对各国有重大影响的、在戏剧艺术上有巨大成就的剧作，请你们向熟悉各国戏剧的专家征求意见，找出论述各国戏剧的专著，参考各国百科全书中有关戏剧的专条，反复掂量，然后最后选定。不符合标准的剧作一个也不能随意选入；确有意义的力作一个也不应该遗漏。当然我们有我们的选择标准：既要选择反映各该国特点的作品，又要对我国戏剧事业有参考价值；用马克思主义的观点，前进发展的观点来选择。

等我出院后，我们再共同仔细讨论，现在是否不公布所有的剧名。

关于对于世界早已有定论的著名剧作家，如莎士比亚、莫利哀、奥斯特洛夫斯基、萧伯纳、易卜生、奥涅尔等以及古希腊、罗马的悲剧和喜剧，印度以及其他古国的古典名剧，当另行专门出版全集或选集，不列入《世界名剧精选》丛书，这一点应当在丛书的前言中说明。

所有这些拉杂的意见，仅供参考。有些事情等不及我出院商量，请你们自己决定着办。

有关当代戏剧选和戏剧理论文集请和有关同志商量酌办。

向你和编辑部的其他同志问好，致敬！

姜椿芳（女儿尼娜代笔）

我一直记着他的教诲，未敢稍懈，也许是太过谨慎，也许是工程太过浩大，也许是我没有勇气去面对市场的冷酷，《世界名剧精选》始终没能如愿完成，如今姜老已经去世多年，这也成为了一种永久的遗憾。

就在这套书尚未走出第一步时，中间有了一段插曲，这段插曲一下子拨亮了我们心中的火花。原以为它会给我们和姜老带来某种新的契机，成为《名剧精选》问世前的辉煌序曲，没想到在奏响前几个音符之后，等来的竟是长长的沉默。

1986 年底，我到上海出差，在上海戏剧学院召开了一个专家座谈会，陈恭敏院长主持。我向与会者谈了姜椿芳先生的意见，大家很兴奋。会后上海戏剧学院汪义群教授向我建议，在这套大书出版之前可否考虑编一套介绍西方现代戏剧流派作品的书。这和姜先生的意见有相通之处，我当时明确表示可行，而且说干就干，因为我深知汪的品格和学问。

汪义群是熟人了。还在《外国戏剧》编刊物时便有过接触，记得当时汪远赴英国专攻欧美戏剧，曾给我们寄来两篇在英伦观剧的文章，一篇是《我所看到的英国话剧形势》，一篇是《在莎翁故乡观莎剧》。学成归国后，到编辑部来，第一面的印象是他的儒雅和谦恭，绅士派和书卷气配合得恰到好处，后来又有了进一步的了解，他学问扎实，又不刻板，见解深刻，又不乏飘逸的灵动，我觉得汪真是不可多得的人才。

此次在沪他提出的选题显然是长期积累的结果，否则他不可能用几句话就道出编选的宗旨：按写实主义戏剧、象征主义戏剧、表现主义戏剧、叙述体戏剧和荒诞派及其他流派的戏剧分类，全面介绍西方自19世纪70年代至20世纪中叶代表作家的代表作，除作品外增加专题论文和作家简介。我们一起确定了这套书的题目——《西方现代戏剧流派作品选》。

回到北京后，我向杨知先生汇报了这件事，得到了肯定，又请示了姜椿芳老，姜老认为这是一件很好的事情值得先做起来，于是我和汪便开始了一段漫长的路程，谁也没想到这段路程走得竟是如此艰难，走了15年还没有走到终点。

汪的倾注投入，编辑的辛苦，不是一句两句话就能说清的。我们在京沪两地往来的书信就达上百封之多。我的信不知他留没留下，但他给我的信一直保存着，我视为我编辑生涯中的一笔财富，也是一段友情的记录。

随手拣出几封信，摘录几段。

在南京期间，曾将《流派剧作选》目录（英文）请几位美国戏剧界著名人士提了些意见，看来他们对我们的编排基本上持肯定与赞成态度。尤其是Toledo大学的一位教授不无羡慕地说，美国至今尚无如此完美的剧作选。他们的激赏当然增强了我以后几卷工作的信心。

这段话从另一个角度证明了这套书的价值。

选编过程中遇到的困难不少，其中版本的搜寻就很费周折，记得左拉的《戴爱丝·拉甘》就是从未有过中译本的，汪托人从法国找到原文翻译成中文，下面这几段文字摘自不同时期的来信，从中可见编者的用心良苦：

拙编《流派剧作选》第一、第二卷早已交稿，目前正在加紧编第三、四卷。现已收到两个译本，但有几个表现主义的剧作（德文）国内找不到，已写信去国外托人寄来，估计书不久将到。反正此事我会抓紧的，务必使整套书较快推出，缩短每卷之间的出书间隔，这样，在学术界影响会大些。

《阳台》一剧我一定设法在退稿时找到现成剧本补上。万一《阳台》找不到，就找日奈的《女仆》或其他已译好的现成剧本代替。日奈是荒诞派的重要作家，缺了他就不是完整的了。

第三卷已编好，正在装订，以免散失。明后天即可寄上。只是其中尚缺石琴娥的《通往大马士革》及另一篇巴拉赫的《死者》。石琴娥是因为国内无原版书，已去信请国外寄来。据说要至三月底才能译好。巴拉赫的那个剧本，也是国内找不到原本，后我去信美国朋友，终于寄来了复印本。谁料译者译至一半来电话告知：复印件缺了一页。故只得再去信请对方添印一页，至今仍无音信。所以我只得先将前言及其余 8 个剧本以及所有小传全部寄上。那两个剧本待补齐后再奉上。为了追求剧本的新，在搜集资料时真是困难重重。其中的甘苦实在一言难尽。第一卷中那篇左拉的作品，也是寻遍了上海、北京等图书馆，然后再托人从巴黎寄来的。但我想，正因为如此，比起随便挑几个译好的现成作品，学术价值总要高一些吧。只得如此自慰了。反正编过这套书后，我实在不想再搞类似的东西了。

有了选本就看翻译质量和编辑水平了。汪十分注重译文的质量，下面这封信集中体现了一个学者必备的素养和严谨的学风：

第二卷《剧作选》已编排好，本打算亲自赴京交稿，忽然发现一个问题：所选《沉钟》一剧译笔太差，恐要请人重译。

《沉钟》原来选的是现成的译本（袁可嘉编《外国现代派作品选》第一册上），并已全部印好粘贴在稿纸上了。最近又读了一遍译文，觉得质量太差。现随手摘几个例子：

1. “哭泣？怎麽样呢？”（P.305）

2. “你对于我是有怎样的吸引力呀？”（P.304）

3. “用你那多可爱的腕，把我从硬地面上解脱出来吧！”（P.305）

4. “结起圈子跳滚圆的舞吧”（P.315）

5. “从在他的胡髭里，射下孩儿的瞳子那末优柔的光芒。”（P.318）

6. “（高挥她的手）”（P.320）

7. “不同的一类吗，比较好一类的男子。”（P.303）

8. “灵魂的证明的原像因之尔消失。”（P.358）

以上句子是我随意翻阅摘下的，如果说前几句只是译笔过于老化，那末第八句简直就不知所云了。为此，我考虑再三，为保证质量起见，还是请人重译，并尽量争取在1月20日前交稿。

在另一封信里，他说：

我约了戏剧学院一研究生译的叶芝的剧本（《心之所往》），发现译文准确性不够理想。但是约稿，随便退掉又不好，我想对照原文再亲自仔细校订一遍，务必保证质量。……从叶芝的译文中，我确实应引出些教训，看来在以后的几集中约稿之前一定要对译者的译笔与水平有更多的了解。

现在这样的工作态度似不多见了。至于编辑上的往来推敲更是细致入微了。我在读稿件时发现有不连贯之处，去信询问，汪回函说：

附来任生名两页首尾部分，已交他本人，由他校对后直接和你联系。马传禧的《皇家太阳猎队》的两页首尾部分也已寄去，并附上我的说明。他办事很认真，一定会尽早给你回信的。此事是我的疏忽，给你添麻烦了，真过意不去。《皇家猎队》我读了不止一遍（因写文章需要），当时并未感到剧情有跳跃之处，估计也是抄稿时的疏忽。

往日的信件钩起许多回忆，再回首不堪回首，这套书搁浅了多年，真对不住汪教授。

《西方现代戏剧流派作品选》陆续于1989年、1991年、1992年出了一、二、三卷，后两卷也已编好排成校样，但至今未能健康出世。这里面的原因并不复杂，很简单，只是来自两方面的困扰始终无法排除。一是图书市场发生了根本性的变化，二是出版社不能面对市场建立有效的运行机制。怨天尤人不是勇者的态度，怪不得市场的残酷，只怪自己底气不足。满腹委屈，不说也罢。

说几句题外的话。我国的演剧界，在20世纪80年代曾经吸取外国戏剧的营养，在打破斯氏体系的一统局面之后，接触了梅耶荷德、布莱希特还有诸如荒诞派等西方现代派的形式和手段，这一过程主要体现在学者们和艺术家们的热情研讨和出版物的引进介绍上，在舞台实践上突出的几个艺术家也掀起了一阵探索之风，其代表人物是林兆华、胡伟民、王贵等导演，他们的成就引起了人们的关注。胡伟民英年早逝，令人感叹不已。这几年实验戏剧又活跃起来，一批年轻人在舞台上纵横挥洒着才气，张扬着自己的理念，演出的热烈似乎胜过当年。后生可畏，孟京辉这代导演已不可小觑了。但是，如果翻一翻《西方现代戏剧流派作品选》，会隐约觉得，在他们的先锋档案里，好像还没有更新的东西。这就需要对先锋一类的东西来一个检阅似的梳理，借鉴，吸收，发展。所以这套书还是有现实意义的。

在图书市场上，这么厚厚一套剧本集，问津者能有几个？肯定不像通俗读物那样招惹人，或许要寂寞一阵，也未可知。不过说到剧本，我忘不了姜椿芳老人说过的一番智者之言，那是在定下出版这套书后的事。老人在电话里说：都说剧本剧本一剧之本，这话只对了一半，当然剧本是供演出用的，但剧本首先是文学的一种体裁，要会读剧本，当作文学去读，不考虑演出的事，读进去就会得到一种和看戏不同的享受。他说的原话记不准了，但大意如此。姜老还表示他要专门写文章阐述这一想法，可惜他走得过早了。

我在上中学的时候读过几部剧本，曹禺的戏，我都是先读的剧本，深深体会到姜老所言实在是经验之谈。我读过席勒的《阴谋与爱情》，始终未看过演出，但阅读的过程带来的感受未必不如看演出，这也是实在的体会。至于阅读莎士比亚，则必陶醉于文词的典雅，高声吟诵，其乐无穷。这些年健身成为时尚，练什么的都有，吃各种营养品，买五花八门的健身器，却不见有人在阅读上下功夫，阅读剧本其实不失为是一种健身健脑、调节精神的好法子，剧本是在很短的篇幅内最集中展示人物性格和命运的，静下心来阅读，犹如进入气功状态，忘记了现实生活中的那些不愉快的人和事，在字里行间和不同的人物意会神合，品人生的种种滋味，对活动大脑，激励思维，定有补益，有心者不妨一试。

今年五一长假，去江南转了转，到上海的那天给汪义群家打了个电话，老宅易主，换了人家，心下怅然，淮海路上正风雨交加，心绪忽然变得凌乱起来，五月的天，有点凉。

回京后试着给他写了封信，寄到上海外语教育出版社的。半个多月了，还没见他回信。这些年我们彼此经历了很多的事，他由上海戏剧学院调到外语学院，又到了出版社，现在不知是否仍在那里，下落不明。翻检我们的通信，时光倒转了十多年：

> 第一卷已在上海新华书店看到了。等不及你的书了，先买了十本送人。买回一看发现一大纰漏：怎麽老兄的责任编辑没有印上？这是不该有的疏忽。这套书的出版是我们十分愉快的合作的一个纪念。看到它，不禁想起两年来你为这本书所花的心血。别的不说，单是你的信，在我抽屉里就积了一厚叠。还没有听说过哪个编辑会如此认真地坚持不断地与作者通信。当然，我们在工作中成了朋友。但这些信毕竟是十有八九是“公务性”（难得的是你的每一封公务信里都透露出那么温馨的人情！）

言犹在耳，宛如昨日，当年我还不到四十岁，汪长我几岁，也就是四十出头，如今都已是五十以上奔六十去的人了。真是十年磨剑，白了少年头，一部书稿竟印上了诸多的人生的况味，始料不及。其中最让我无法消解的就是愧疚。汪的不理会我，更让我于心有愧了。他的心血和劳动被白白搁置了十几年，这样的态度一点不过分。到了这份上，望着那一堆默默无言的文稿，唯一能安慰我的，就只剩一句老话了：是金子总会发光的。

响当当的戏剧人

金国亮①

中国戏剧出版社六十周年进程中，有诸多戏剧专家，其中有一位响当当的戏剧人——曲六乙老师。他的突出亮点是敬业实干、奋发有为。八十年代十年辉煌时期，戏剧出版社有两大类出版物很是抢眼。当初以宝文堂书店名义（副牌）出版“传统戏曲、曲艺研究参考资料丛书”说部（古典小说）（需经国家新闻出版总署批准。后来改为中国戏剧出版社出版）；还有连环画（小人书）、年画、挂历（多为戏曲内容）。这些书和画大受欢迎，印数多，畅销“火”，可谓“火起金升”。

“弘扬中华优秀传统文化，振兴我国戏曲事业”是曲六乙坚持的编辑理念。他酷爱戏曲，认为丰富多彩的民族戏曲，大多取材于我国不胜枚举的传统古典小说，在民间长久流传，有广泛影响。把其中与传统戏曲，曲艺有密切渊源关系的小说，有选择的，经过校点成系列的加以出版，既能满足广大读者阅读兴味，又能对戏曲工作者提供研究和创作汲取精华素材，对普及与发展民族戏曲起到积极推动作用。这一构想和创意，经过出版社慎重研究，决定

① 金国亮：中国戏剧出版社原编审。

立项出版一套系列工程“传统戏曲、曲艺研究参考资料丛书”说部很有必要。经过申报国家出版总署，得到了批准。由副总编辑曲六乙直接主持出版这套“丛书”。第一本试校点出《杨家将演义》并写了“出版说明”。后逐步地出版了《杨家将演义》《施公案》《彭公案》《包公案》《飞龙全传》《海公大红袍全传》《海公小红袍全传》《绣戈袍全传》《七侠五义》《小五义》《狄青演义》《残唐五代史演义》《万花楼杨包狄演义》《后西游记》《如此官场》（戏迷传）、《嘉庆秘史》《品花宝鉴》《永庆升平》《四望亭全传》等一系列历史演义、公案、侠义及部分言情说部。随后还出版了民间传说故事集《三国人物别传》《水浒英雄外传》。

当时社会上流传香港武侠小说，认为是“成人童话”一个出版机遇摆在面前，出版社派人从友谊商店用外汇卷买来原书，组织编辑分头审读，选择引进出版了金庸先生优秀新武侠小说《笑傲江湖》《天龙八部》《倚天屠龙记》，社会反映和效果都很好。这些“丛书”说部及连环画、年画等出版发行，不但有社会效益还带来了可观的经济效益——财源茂盛为出版社的发展壮大、支持专业书保驾护航；也为上缴、助益等方面做了应有的贡献。

改革开放后，相声艺术开始走向新繁荣。央广、央视热播新相声和久被封存的相声名段，令人耳目一新。出版社抓住节点，又适时主持出版了相声集《广播里的笑声》《何迟相声创作集》。其中有《多层饭店》《路子野》及《买猴儿》《开会迷》等段子。形成了相声冲击波，讽刺了官僚主义、不正之风、不良现象，马大哈形象更广为人知。《列车新风》《见义勇为》颂扬了社会新风新貌和维护社会治安的高贵品质，相声也在如何表现歌颂题材做了有益尝试。北广电台连播关于相声包袱技巧的节目，经提出修改、充实的建议，完整介绍相声基本知识，表述结合选例生动有趣地指出相声“门道”，出版了《笑谈相声》（宝文堂版）北广电台每次连播后都加一句“此书由宝文堂书店出版发行”。相声表演艺术家马季先生为本书作序，他认为“这是一本介绍相声艺术的既有意思又有意义的书”，给予了热情赞誉和推荐。《北京晚报》全文发表这篇序言，《中国文化报》也刊登广告介绍，再版时改为《相声艺术讲座》，对中青年相声专业工作者和爱好者怎样写相声、人们怎样欣赏相声是难得的一课。出版社助推戏曲创作、地方戏、民间传统皮影艺术，出版《获奖剧本集》（戏曲）、《王肯戏曲集》《怎样演皮影戏》。应上级机关下达出版“农村读物”任务。曲六乙立即领导和主持出版了“群众演唱小丛书”一套，筛选人们喜闻乐见接地气的文艺节目，为农村开展文化活动送去“及时雨”。

尤其突出的是曲六乙在专业书籍的出版，特别是戏曲专业书出版，功不可没。他多次组织戏曲编辑室讨论选题计划。深谋远虑，制定长期系列出版规划和短期可及出版目标。十年辉煌时期重点出版了一批传统戏曲文化经典著述。他所制定的“中国戏曲剧种史丛书”先出版了《评剧简史》《河北梆子简史》（1984年离岗后出版社出版“戏曲剧种史丛书”中有很大社会影响的《中国京剧史》、《昆剧发展史》，以及其它戏曲剧种史）；主持出版《中国戏曲通史》《中国古典编剧理论资料汇辑》《京剧长谈》《明清戏曲珍本辑选》《梨园趣闻轶事》等；重印《中国古典戏曲论著集成》《中国戏剧史讲座》《梅兰芳舞台生活四十年》；戏曲工具书有：建议与修订出版《京剧剧目辞典》、重印《京剧剧目初探》、审订出版《中国戏曲剧种手册》《川剧词典》。他使得戏曲百花园枝繁叶茂、花开书香。中国剧协老领导对曲六乙的工作给予了充分肯定。称他“细心负责、工作得力，出版了不少好书”“是一个给剧协立功的同志”。

曲六乙是中国戏剧出版社1957年成立时的编辑元老。他深情形象地赞誉戏剧大家、中国国歌歌词作者、第一任社长田汉先生题写的中国戏剧出版社社牌七个大字书法“飞龙走凤、气韵生动、奔放洒脱”。在出版社成立大会上社长说“自己有了专业出版社。古今中外的戏剧书籍都可以出版，推动戏剧创作、演出和研究”。1984年他由出版社副总编辑岗位调到剧协研究室当主任。在戏剧事业上，多年来他留下写作戏剧艺术评论的人生足迹。但他总是谦逊说自己文章还“不及格”。他当编辑同时把本职工作和自己写作有机结合，坚持不懈，三十多年来写了约300多篇戏剧评论文章。认为“历经文坛风风雨雨，见证观摩会演、参加座谈会等多次戏剧重大活动。汲取经验，开阔眼界，获益良深”。这一系列学习过程的实践磨炼，觉得自己写文章“总有所感而发的”。中国剧协领导为曲六乙所写《艺术，真善美的结晶》（戏剧艺术论集）序中对“论集”文章的理论水平和风格给予了很高的评价。说他“既是一位认真、负责的编辑，又是一位严肃、诚恳的作者”。希望他写出更多更具有更高理论水平的文章。这部“论集”共收录了43篇文章，是个精粹选集。包括戏剧创作、艺术成就、艺术流派、观剧读剧之己见、史论等，是一本认识戏剧艺术的很好教材。曲六乙践行办社宗旨，辑书著文，传播真知，认知真善美。他的写作思路，文章深知卓见，在戏剧界有广泛的声名。离休后仍锲而不舍，继续完成中国少数民族戏剧研究和写作，成为这一课题少有的专家，当是付出艰辛和努力，一路铿锵走来响当当的戏剧人。

我在"戏社"成长

陈玉玲[①]

一、与"戏"结缘

这个"戏"字和我结缘，还要从7岁开始说起。那时，有位邻居家的叔叔是唱京剧的演员，阿姨是中国戏曲学校的老师，他俩曾多次动员奶奶把我送到中国戏曲学校去学戏，可是奶奶立场坚定，不想让我当"戏子"，更怕我练功吃苦。13岁时，同学的父亲，一位部队文艺工作者，他让我和他的女儿一起去考解放军艺术学院，又被奶奶阻拦了，还是舍不得孙女。1968年，我初中毕业，大批学生上山下乡，我们学校大部分同学即将奔赴内蒙建设兵团。1969年初，我参军入伍。在空军学院参加新兵训练后，一辆救护车把我们8位女兵拉到了北京西山某部队卫生科。我想，从此我就在部队从事医学工作了，可没想到的是，医学专业知识培训还没结束，就传来了上级命令，我们8位女兵连同兄弟部队的文艺骨干，组建了空军直属部队宣传队。主要是唱歌、跳舞、小品、曲艺等节目，排练后深入到各地基层部队去慰问演出。一年后，我的7位战友回到了卫生科从医，我却又被调入刚组建的空军后勤部宣传队，

① 陈玉玲：中国戏剧出版社原二编室主任。

和之前的宣传队不同的是，排演《红灯记》《海港》革命样板戏，其规模和专业剧团相同，很有气势。我们带戏下部队给部队官兵和地方群众演出，受到好评。这次是真的唱上“戏”了！

从部队去上大学，毕业后来到了人民文学出版社。社领导为了培养我们这批新来的大学生，安排我们脱产学习，并请了像北京大学中文系王力这样的大学教授、名家给我们授课，真是受益匪浅。学习结束后，我被身形胖乎乎、非常和蔼可亲的季定洲老师带到了写着“戏剧电影编辑室”的办公室，他说：“以后你就在这儿工作了。”我抬头看了看牌子，那个“戏”字在我眼前放大、晃动。啊！缘份啊！1979年底，我们编辑室全体人员从人民文学出版社调出，恢复、组建了停业多年的中国戏剧出版社。命中注定吧！怎么也离不开这个“戏”字了，这回可是结了一辈子的缘份！

二、“舞台”生涯

中国戏剧出版社重新挂牌后，就在东四八条中国剧协一座灰砖小楼的礼堂开始了戏剧出版工作。当时的办公区分为台上、台下两大部分。领导办公室、行政办公室及所有后勤部门在侧幕，编辑部在台上，出版、校对等部门在台下。我所在的话剧编辑室正好在舞台的中间部位，所以大家都调侃说，话编室天天都在“演戏”。

拉开大幕，中国戏剧出版社的演出开始了，当时以陈默社长为首的领导班子，带领我们这些从四面八方来的几十位角色，登上了这个全国唯一的中国戏剧出版的舞台。大学齐心协力、开动脑筋策划选题、外出组稿、出版印刷成书发行。干得可真是热火朝天。在短短的时间内，就为出版社创收上千万，全部上交上级单位。就这样，中国戏剧出版社在这个舞台上艰苦奋战、历经八年的精彩演出完美谢幕，结束了舞台生涯，搬到了处于灯市口的空政话剧团院内，继续奋战。可以说这是戏社最辉煌的时期。

三、我的编辑历程

（一）从校对做起

按照以往各出版社培养编辑的贯例，新到出版社的大学生必须要从校对做起。考试合格后才能进入编辑部，我和我的同学没有经历这个过程，直接就到编辑室工作，中国戏剧出版社走入正轨后，社领导决定给我们补上这一课，让我们到校对科工作学习，由资深的老校对指导我们从初校（折校）开始做起。记得我刚开始拿打印的书稿和原稿一个字一个字的折校时，不知怎么那么别扭，手不听使唤了，眼也花了。对着对着就不知哪个是原稿、哪个是打印稿了；对着对着就看窜行了；遇到改动多的书稿，对着对着就找不着原稿了；要么就是对着对着，就变成我通读了。看着老同志那游刃有余、快速如飞、准确无误的“表演”，我折服了！

这初始的校对，我是很久才找到感觉，才逐步适应走上正轨，通过了初校，才准我进入二校，最后进入通读，这每一步程序都是有要求的：一分钟多少字？错误率是多少？都做到了，还真是不容易呀！我是在校对科一年半后，才回到了话编室的。感叹！“校对”这门专业技能，不可小视，它不仅是出版社书稿通关的一个关口，也是编辑必备的基础。

（二）我的老师们

我是个幸运儿，刚到出版社，就遇到了很多的好老师。在这里，我着重说说亲自带我的老师：季定洲老师是我的第一任老师，我刚接触的出版业务是“电影”。跟随季老师从策划选题开始，出差去组稿，记得出版当时很红的电影剧本《创业》时，我跟季老师到广东潜江去采访在那里拍摄其它电影的原《创业》剧组的导演和演员们，为了不耽误他们的拍摄时间，季老师只是安排插他们的空儿开座谈会，单独采访在剧本中写文章的演员，为了拉近与他们的距离，季老师带我深入到他们中间，在剧组担当起了群众演员，就这样，书稿看似轻轻松松的圆满完成了。在这期间，我这个老校友季老师的一言一行都给我留下了深刻的印象，他的表率作用，让我享用一生。

我的第二任老师是杨景辉老师，杨老师中等个头、不胖不瘦，标准的干练身材，他那略黑的皮肤衬托出他比实际年龄要老成的典型的知识份子模样，他不善言语，操着一口湖南普通话，让我深感亲切。他带着我天南地北的去组稿，让我见识了文艺界、话剧界的前辈、名家，如：曹禺、巴金、于伶等，还有戏剧院校的成名人物，如：余秋雨老师等。我看到这些我想见都不敢见的名家们，怎么跟杨老师那么熟呢？他们见面就像久别重逢的老朋友，那么亲近。这书稿好像不用组、不用求，就是我们的了。对于书稿中的问题，杨老师当面提出，他们很认可，对杨老师非常信任，并赋予他修改稿子的权力，虽然如此，杨老师说："作为编辑，不能轻易改动这些名家的书稿，你可以提出问题跟他们一起研讨、协商，因为他们每个人在创作作品时，都是有历史背景的，咱们要尊重历史、尊敬作者。"在杨老师给我打开"门"的基础上，我也敢独立去找名家们解决编辑书稿中的问题了。我想，杨老师和作者的关系并非一日之功，这是他平日的人情积累、人格魅力才获得的。

在话编室期间，朱以中老师、张洁老师对我帮助也很大，记得我在上海编辑《于伶制作集》时，突然生病，是张洁老师把我接回北京的。我跟朱以中老师是校友，他是我大学班主任的同学，从恢复戏剧社到朱老师退休，我俩基本上都在一个编辑室工作。我是遇有问题就随时请教朱老师，已成家常便饭。他总是耐心、细微的把问题讲明白、讲透彻，直到问题解决。

由于工作需要，社领导把我从话编室调入"宝文堂书店"编辑室，我就有了第3位老师周明老师，很巧的是周明老师也是我的校友，是我班主任的同学。他是从戏剧家协会调入中国戏剧出版社的，精明强干，和杨老师不同的是他善谈吐。记得他经常说的一句话："小陈啊！要把你的'字'练好，这是编辑的门面。"当时编辑室人员少、工作量大，除了再版、编修像《施公案》《彭公案》等类图书外，还要出版一些戏社范围不能出版的新书。周明老师对我的要求很严格，他对我所编辑的每部书稿，都要我先讲出其中的问题和修改意见，然后把他的看法和意见与我交流沟通后，才让我写入审稿意见中。他知识渊博、阅历丰富，从他身上，我学到了很多历史的、现代的知识，我们编辑室还有一位资深的“老学究”吴越老师，他每天除了编辑“宝文堂”的书稿外，还要创作自己的作品，他是戏社第一个用电脑写作的人，他的勤奋和他孜孜不倦的写作精神也感染着我，就这样，我们师徒几人承担起了“宝文堂”的编辑工作，直至社号被取消，心痛啊！

我由衷的感谢我的老师们！是他们手把手的、毫不保留的把知识传授给我，让我少走弯路健康成长！

四、承担重任

在社领导和老师们的培养下，我有了进步。1990年，我们刚搬到大钟寺办公室，社领导找我谈话，让我到美术编辑室任副主任，分抓美编室的文字工作，当时的美编室是一水的年轻人，有朝气、有干劲、脑子灵活、工作能力强，给社里带来了不少好选题，出版“连环画”“年画”“挂历”“画册”，取得了经济效益。

随着社会形势的变化，戏社也扩大了出版范围，成立了少儿编辑室，我出作主任一职，承担起了更大的责任。室里的同事们工作热情高、群策群力策划选题、编辑出版少儿类图书。在市场经济的大潮期间，我又担任了第二编辑室主任，培养新人、审阅书稿把关，努力为戏社增加收入，为戏社的发展贡献力量，直至退休。

在纪念中国戏剧出版社创办六十周年之际，我感慨万分！文艺界的老一辈为我们开创了中国戏剧出版社，并为之打下了坚实的基础。恢复戏剧社后，我们这一代人又为之奋斗了30多年，有多少甜酸苦辣尽在其中，才把中国戏剧出版社传承至今啊！

我这一生与“戏”结缘，我的成长在戏剧社。是戏社把我从一个单纯的大学生培养成为编辑、副主任、主任、高级职称，并为戏社编辑出版了几十部之多的图书，一次挂历的出版，就这戏社创收，我所创作的连环画及此类图书，曾获出版署颁发的“第七届国家图书奖”。

这历经30多年的编辑工作，也不都是一帆风顺的，有成就、有失败、有教训、有遗憾。由此，我深深地体会到，要想成为一名合格的编辑：首先是要有宽大的胸怀，舍得为别人做嫁衣；要有坚定的政治头脑和信念；要有社会人脉关系和公关能力；要有策划选题、组织稿件、审阅书稿的能力；要有敏锐的眼光和公正的评判标准及艺术鉴赏能力；要有文学、文字功底、知识面要广；要有发现问题和解决问题的能力（修改书稿的能力）。

中国戏剧出版社是我的娘家，我爱她、我敬她、我靠她。我希望她健康！我希望她强大！我希望她越办越红火！作为中国戏剧界唯一的专业出版社，希望她当好戏剧界的排头兵，把戏剧事业发扬光大、再创辉煌！

历史将铭记这一页

朱以中①

60年来，中国戏剧出版社经历了创业的艰辛，奋斗后的辉煌，至今还在坚持走自己艰辛的路。回顾戏剧出版社走过的路程，有一个问题是不容忽视的，戏剧出版社在文艺界、戏剧界、剧协是什么位置呢？对于中国戏剧事业的发展有何积极的意义呢？对这个问题，也有不同的说法，

有些同志往往过多看到经济等方面的压力，觉得它似乎拖累了戏剧事业的发展。

显然，随着戏剧事业和出版事业的发展，面临的困难很多。但是，谁也不能否认中国戏剧出版社对于中国戏剧事业发展的重要意义。不争的事实是："中国戏剧出版社建设以来出版了大量戏剧专业书籍，其中《中国京剧史》《中国戏曲通史》《中国现代戏剧史稿》等图书多次获得国家级图书评比奖项，为中国戏剧事业的发展做出了卓有成效的贡献"。（引自《纪念中国剧协成立60周年文集》）

当年剧协的领导田汉创办出版社正是为了发展中国的戏剧事业。那时正

① 朱以中：中国戏剧出版社原编审。

逢建国初期，百废待兴，剧协经济很拮据，但田汉还是下决心创办这个出版社。从此，剧协有了引以为傲的三刊一社。“三刊一社”，互相依托，它们是剧协几个不同的阵地或武器。阵地有不同，武器有轻重，它们一起协同作战，以不同的功能发挥着作用，从不同的角度为戏剧事业建功立业。

作为老剧协的工作人员，我对此颇有体会。我从1964年即分配到剧协工作，“文革”耽误了十年。“文革”以后，从1976年开始，我在剧协的刊物干了约十年的编辑工作。先是在《人民戏剧》《戏剧报》(后改名《中国戏剧》，以后又到理论刊物《戏剧论丛》工作。离开刊物后，到出版社干了十八年编辑工作，直至2003年退休。在剧协刊物和出版社的时间都不算短。我经常思考并对比，在剧协编刊物和在出版社编图书的工作方式和成果的异同，回顾我在剧协领导的“刊”和“社”工作的经验和体会。我深感，剧协领导的“刊”和“社”功能不可替代。

刊物《人民戏剧》《戏剧报》主要是密切联系戏剧运动现状，发表领导对戏剧工作方针政策的理论指导，评论近期的优秀戏剧作品，《戏剧论丛》主要是刊载戏剧理论研究论文，总结介绍近期我国著名戏剧艺术家的成就和艺术经验方面研究论文等。戏剧出版社出版的图书和刊物相同的都是反映中国戏剧现状的，但并不要求像刊物那样密切联系戏剧运动，而是出版体现一个阶段优秀理论和作品成果的图书。出版社出版的图书和刊物相比，要求要有系统性、理论性和学术性，要求有保留价值。

20世纪八十年代中期，我从剧协刊物调到戏剧出版社工作，一开始，很不习惯。感到很沉闷，不能参加戏剧界的许多热闹的活动，不那么风光，工作十分繁重，要埋头苦干，往往也不被重视。以后，逐渐适应了出版社的工作，一干就是十几年。近些年，我回顾一生的编辑工作，翻翻自己编辑的戏剧刊物和戏剧图书，颇有感触：即刊物尽管当年很热闹，为配合戏剧形势、戏剧运动，发表很多东西，但毕竟还没有经受历史的检验和淘汰，能保留下来的东西并不多；相反，戏剧出版社却能把大都经过淘汰的成果保留下来。看到书架上，戏剧出版社出版了那么多有价值的戏剧专业书，一本本赫然在目。这些书都将留给历史，留给一代又一代人，想到自己曾为此付出了艰辛，十分欣慰。

记得我被调到戏剧出版社是1985年，首先感到，出版社从上到下有一种强烈的历史责任感，即一定要把我国优秀的戏剧传统保留下来。为此，出版社制定了长远的规划，有一个宏大的目标，即要出版中国几百年来的戏曲传统著作，出版话剧、戏曲及外国戏剧的现当代优秀剧目及理论著作。根据这一目标，进行有计划，成系列的循序出版工作。那时正值“文革”结束，剧协经费困难，戏剧专业图书的印数很少，要出版此类书只能赔钱，哪里来大批资金？那时出版社出版了大批通俗读物，畅销图书，才解决了出版资金的困难。那几年出版的通俗读物有说部演义和武侠小说，以及连环画、年画等，获利非常丰厚。正是靠出版这些书利润的支撑，大批的戏剧专业书在那几年里纷纷出版了，制定的目标得以逐步实现。

当时出版重要的戏剧专业图书，记得戏曲方面有《中国京剧史》《昆剧发展史》《京剧剧目词典》《中国戏曲剧种手册》；话剧方面出版了《田汉文集》《曹禺文集》《中国现代戏剧史稿》，这些都是能反映我国戏剧发展里程碑的图书。

要把于现代和当代的戏剧优秀创作保留下来，戏剧艺术面临着艰巨的任务。戏剧是综合艺术，最终成果体现于舞台，如果只把文学剧本保留下来，实际上只保留了其中一部分，很多著名的舞台艺术家的成果需要及时保留下来。我在担任话剧编辑室主任的时间里，在总编王正和副总编杨景辉的领导和支持下，很注意这一点。我们编辑室的同仁一起努力，编辑、出版了一大批反映当代话剧表导演艺术家成就的图书。长期以来被“左”的文艺路线压制的话剧舞台艺术家获得了解放，他们纷纷排戏演戏，贡献出他们宝贵的艺术经验。戏剧史上，不少曾被迫害、压制而故去的艺术家也重新恢复了名誉，他们的艺术经验也亟待整理。许多老艺术家很愿意回忆他们几十年的舞台生涯，愿意介绍他们自己的以及前辈的艺术经验。他们大都年事已高，都很支持我们的出版工作，于是，我们有幸抓住了这十年时间，出版了大量反映他们成就的图书。应该说是这是抢救式的贡献，当时如不抓紧，以后他们的成就和经验就会消失了。

当时尚健在的有很多在中国话剧史上有巨大成就的艺术家。导演方面老一辈的有人艺的梅阡、夏淳、欧阳山尊、金山、吴雪、舒强、佐临、杨村彬等；中年卓有成就的有林兆华、陈颙、徐晓钟、胡伟民等；演员如刁光覃、朱琳、于是之等。还有虽已去世，但有重大贡献和影响的艺术家，如焦菊隐、孙维世等。

戏剧出版社首先和国家剧院北京人艺合作，出版了许多好书。当年北京人艺犹如一座封存多年蕴含丰富的矿山，被开采了！一时非常红火！《茶馆》《蔡文姬》《雷雨》等一批老戏陆续恢复上演，观众久违的老演员纷纷重上舞台。我经常要跑人艺组织稿件，责编了不少有关北京人艺的图书。如《攻坚集》（北京人艺三十年文集）、《〈龙须沟〉的舞台艺术》、《于是之论表演艺术》、《刁光覃、朱琳论表演艺术》，直至前两年编辑的赵韫如的《梦飞江海》。能编出这样的书，一方面是本社的重视，另一方面是剧院的有利支持。正如评论家柯文辉先生所言：在那样一个严肃读物不景气的时候，中国没有第二个艺术团体像北京人艺那样能为她的表导演艺术家编辑、奔走，出一堆书来。

我参与编辑了《刁光覃、朱琳论表演艺术》一书，应该说这是一本至今为止能体现这两位艺术家艺术水平的重要著作。为编此书，我经常拜访刁光覃、朱琳两位艺术家。当时，他们住在北京团结湖畔，离我的家只有一街之隔。当时刁先生患重病在家调养，朱琳老师每天要服侍刁先生，要排戏，要演戏，非常忙碌。但她仍不辞辛劳，查找、翻阅大量文稿，并逐一修改、核对，并耐心地回答我们提出的各种问题。每当谈起往事，谈到她演的戏，她就一扫倦容，非常兴奋。此刻，刁先生兴致也很高，请人搀扶着坐在一旁，不时插上几句话。他当时患的是肺气肿，时常喘不过气来。看到他的病容，想起他当年在舞台上塑造的叱诧风云的舞台形象，想起他那铿锵有力，洪亮激昂的台词声音很是感动。

因书中涉及朱琳的传记，需要对这位老艺术家有很详细的了解和一定的研究。她当时非常繁忙，搬到了东直门内新居，而刁先生正生病住院，她每天要探视，送饭。在这种情况下，她毫不犹疑地接受我的采访，回答我的问题，并提供了不少文字材料。她和我约定，每周几个固定时间去采访她，我进行了一两个月的采访工作。

为保留表导演艺术家的经验，我社分别为他们出多人集和专集。我参加编辑的多人集，除了北京人艺的图书外，还有《艺耕集》（中国青年艺术剧院四十年文集）、《李默然论表演艺术》、黄佐临的《我与写意戏剧观》、杨村彬的《话剧民族化求索集》、胡伟民的《导演的自我超越》等。因其中大部分是演员的经验文章，其中不少人技艺高超，但不善于以文字表达，编辑室要做大量的文字加工工作。

我们感到编辑难度最大的还是舞台艺术丛书中的剧目的专集。这些专辑要求一本书把整个戏的全部创作过程完整地记述和保留下来。其中搞得较细致的是《〈茶馆〉的舞台艺术》（杨景辉责编）这本书。在书里可以看到重要的剧照，人物造型照，也有舞台设计图。书中收录了作者、导演、演员、舞台工作者创作此剧的经验体会文章。更重要的是书中刊载了《茶馆》的演出台本。演出台本要比作家的剧本复杂得多。作家的剧本一般是台词和简单的舞台提示。而演出台本则力求把经过再创造后的舞台演出情况，包括流动的画面和声音用文字一一记录下来。其中包括每一位演员在一幕戏里的舞台路线图，大的调度，还有具体的动作表情提示等，都有详尽的记录。更重要的是记下了排演时导演对演员表演的具体要求——如演员在说一句话的潜台词，用何方式行动，何时有何效果声音，效果声音何时开始，何时结束。尤其是第一幕，台上有八张桌子，共用五十三张舞台调度图画出所有演员在这些的行动路线，并逐一和演出本一一相对，便于读者核对。今天，重读此书后，我钦佩此剧的导演艺术家的精心构思，也佩服当年场记蒋锐的艰辛劳动，佩服责任编辑认真负责细致的编辑工作。正因有这样的责任心，才能把《茶馆》这部中国话剧史上的辉煌成果完整地保留下来，流传于世。

以后，我们又编辑出版了类似的舞台艺术图书，如《〈龙须沟〉的舞台艺术》《〈骆驼祥子〉的舞台艺术》《〈红白喜事〉的舞台艺术》《〈马兰花〉的舞台艺术》等等。

这些优秀剧目演出专辑中保留了十分珍贵的资料。如《〈龙须沟〉的舞台艺术》一书不仅刊载了详细的舞台演出本，而且发表了当年主要演员在排练这个戏，二三年里写的创作日记，详细叙述了在解放初1950年到1953年里，他们如何逐渐从生活出发，从生活中提炼艺术形象的过程。详细叙述每当他们深入生活后，有所感悟，写了创作日记，导演焦菊隐先生是如何批改他们的日记，指导他们通过什么方法一步步接近人物。这些材料非常珍贵，真实记录了中国话剧艺术家创造现实主义艺术的可贵求索，也是难得的学习表演艺术的教材。

我们除了注意保留老艺术家的艺术经验和成果的同时，特别邀请一批专家对艺术家的创作进行深入的研究，出版了一些艺术家的研究文集。如《探索的足迹》(研究焦菊隐导演艺术的专著)、《佐临研究》《徐晓钟导演艺术研究》《任德耀研究》《雷平的话剧生涯》等。

除了出版保留研究我国著名戏剧家的图书之外，出版社十分注意出版当代戏剧家的作品和艺术创作。当时，改革开放以后，戏剧艺术为了适应时代和观众的需求，也积极在戏剧观念和表现形式上做了各种探索。出版社的领导及时出版了一批反映这种探索的图书。如出版了《有争议的话剧剧本选集》

（一、二）、《戏剧观争鸣集》（一、二）、“戏剧文化探索丛书”。

《戏剧观争鸣集》反映了20世纪80年代初期关于戏剧观问题的大讨论。70年代后期因改革开放大量介绍国外形式纷繁的演剧方式，另一方面国内仍存在单一、封闭的演剧体系，两者发生冲突。长期以来，人们习惯地配合政治中心任务的戏剧思维方式已经逐渐被否定。于是，什么是戏剧、戏剧的生命是什么？这些问题明显地摆在戏剧界的面前。1983年，上海和北京就佐临先生提出的“写意戏剧观”展开了争论，争论的核心是“写意”“写实”“幻觉艺术”“非幻觉戏剧”的理论概括的科学性问题。讨论引起戏剧界广泛关注，并波及全国。报刊上发表了许多文章。我社请专家编辑的《戏剧观争鸣集》则收集了讨论中具有代表性的观点，分别发表有关专家从美学、心理学、观众学等角度，对我国戏剧观问题做了深入的阐述。因此可以说，戏剧出版社出版《戏剧观争鸣集》（一、二）一书，起了将报刊中的讨论做了总结的作用，对我国戏剧观念的探索、革新起了重要的推动作用。

与此同时，出版社出版的《有争议的话剧剧本选集》（一、二）选入了20世纪80年代争议较大的剧本，如《车站》《明月初照人》《哥儿们折腾记》《吴王金戈越王剑》《小井胡同》《街上流行红裙子》《野人》《W M（我们）》等，并编入对这些剧本持不同看法的文章。这些文章有的是对艺术上持不同意见，有的是对内容有争议。这些剧本文章反映了那个阶段戏剧理论、创作的实践。这一阶段的实践的意义有待于历史的检验，但毕竟本书的出版保存了重要的历史资料。

“戏剧文化探索丛书”的出版是以王正为总编的出版社对当时的戏剧发展和探索工作，做的又一可贵的贡献。他在编辑前言中指出：“戏剧艺术要创新，要发展，就必须加强理论的研究和探索。”“要对戏剧的新观点和新方法进行历史的、深入的研究。当前，人们运用社会学、历史学、哲学、美学、艺术学的新观点和新兴学科如符号学、系统工程学、未来学等对戏剧进行研究，这是应该支持的。”根据这一指导思想，当时出版社出版了《戏剧符号学引论》、《三大戏剧体系审美关系初探》等十余种戏剧理论探索图书。这些图书力求注意做到五新：即新学科、新观点、新方法、新材料、新角度。它具有学术性，且观点鲜明，具有可读性。这一批小丛书出版在戏剧界得到了好评。

回顾了从20世纪80年代中期到80年代末几年里，我作为一个话剧编辑室的负责人所亲历的出版活动，如今，看看书架上那一批图书，我不能不感慨万千。当年大家待遇都很低，没有办公用房，住宅都很简陋。按那时的利润，我们完全可以盖办公大楼，可以盖较好、较多的宿舍楼，但出版社没有这样做，却把大部分资金用于出版我国的戏剧专业图书。回想起来，这几年正是一个千载难逢的机会！

面对这一个千载难逢的机会，出版社的领导和员工，把自身的利益置之度外，无私地投身于中国的戏剧事业，把一代中国戏剧家的成果很好地保存了下来，有力地推动了当时戏剧运动迅猛地发展，写下了光辉的一页。几十年来，这些艺术家都已相继离去。我们那时如果没有加紧做，一切将无法弥补，我们将愧对国家，愧对后人。

学术立场与工匠意识
——《梅兰芳全集》编后随想

赵建新[①]

项目缘起

2010年冬天，笔者时任中国戏剧出版社副社长，正着手申报“十二五”国家重点图书出版规划，社长樊国宾博士提醒我：明年是梅兰芳先生逝世五十周年，我们是否该做点文章？当时我第一个念头是编一部《梅兰芳全集》，因为2000年河北教育出版社虽然也编过一部《梅兰芳全集》，但都是以往梅兰芳出版过的文献单行本和演出曲谱剧本的汇编，其信函、诗词、书画等都没有收入，而且就其演出剧本而言，多为“梅党”合作编写，很难说是梅先生个人之作。所以无论从哪方面说，河北教育版的《梅兰芳全集》都很难称得上是一部严格意义上的梅兰芳先生个人全集。

要出版一部真正意义上的《梅兰芳全集》，仅凭出版社一方之力，七拼八凑，这不符合我们的初衷。于是，笔者联系了著名戏剧理论家、中国戏曲学院学术委员会主任傅谨教授。傅谨先生十几年来在京剧学的创建与研究、戏

① 赵建新，中国戏剧出版社原副社长。2014年调至中国戏曲学院，现为中国戏曲学院教授、《戏曲艺术》编审。

曲文献的搜集整理和中国戏剧史论等诸方面都卓有建树，以其学术声望和影响，理应能扛起此杆大旗，编纂出一部全新的《梅兰芳全集》。果然，傅谨先生爽快答应担任全集主编，开始对全集着手整理规划。

要出版一部名副其实的《梅兰芳全集》，必须对此前出版过的梅兰芳先生的个人文献做一番系统梳理和研究。无论是研究者还是出版者，这都是首先要面对的。

对梅氏个人文献出版情况的梳理

对梅兰芳个人文献进行大规模的搜集、整理与出版，集中在两个时期：第一个时期是1950年代末到1960年代初，第二个时期是世纪之交的2000年。

在第一个时期，梅兰芳及其秘书许姬传开始有意识地编撰回忆录，系统总结梅兰芳的舞台生涯和艺术道路，以梅兰芳为主体的创作团队相继出版的文献有：《舞台生活四十年》（平明出版社1952第一集、1954年第二集，人民文学出版社1957年一、二集，中国戏剧出版社1961年一、二、三集），《东游记》（中国戏剧出版社，1957年版），《梅兰芳戏剧散论》（中国戏剧出版社，1959年版），《我的电影生活》（中国电影出版社，1962年版）；1962年为纪念梅兰芳逝世一周年，中国戏剧家协会编撰了《梅兰芳文集》，由中国戏剧出版社出版，本文集选辑了散见于报刊、专册的报告、论著、回忆、观感和一部分手稿，这些著作不仅体现了梅兰芳高尚的为人、精湛的演技，更展示了梅兰芳博大精深的剧学思想，是迄今为止最主要的梅兰芳研究成果。

2000年12月，梅绍武等编著的《梅兰芳全集》由河北教育出版社出版，成为世纪之交梅兰芳资料搜集、整理的新成果，本全集共八卷，工程浩大，不仅包含梅兰芳的著述、文稿，也涵盖了梅兰芳的演出剧目、曲谱、唱腔等各个方面，无疑有助于人们全面认识梅兰芳，有助于进一步深化梅兰芳的研究。但如前所述，此全集还难以成为一部真正意义上的《梅兰芳全集》。因此，出版一部全新的《梅兰芳全集》，为梅兰芳研究乃至整个京剧艺术研究提供扎实的文献基础，是必要的，也是必需的。

学术立场与工匠意识

2011年春，《梅兰芳全集》入选中国戏剧出版社“十二五”国家重点图书出版规划。但由于经费短缺，文献的搜集整理一直迟迟没有推进。同时，傅谨先生对全集的编纂思路也在逐步调整中渐渐清晰起来，他认为，新编《梅兰芳全集》的编撰体例与规模，将明显不同于中国戏剧出版社1962年出版的《梅兰芳文集》和2000年河北教育出版社出版的《梅兰芳全集》。新全集内容主要收录梅兰芳的各类存世文献，梅派剧本、剧目、曲谱、唱腔将另行收录，择机重新整理出版。2014年3月，中国戏曲学院申报的“梅兰芳生前文献搜集、整理与《梅兰芳全集》编纂”正式入选北京市哲学社会科学规划研究基地项目，并获资金扶持。期间北京出版社又加盟出版团队，队伍壮大，实力增强，项目终于可以启动了。

很快，主编傅谨教授成立了以马健羚、李小红和赵建新为主的资料搜集团队，以李小红、赵建新为主的编辑校注团队，并邀请梅葆玖先生作此书的名誉主编。

但是，当工作团队真正进行工作状态时，却发现这是一块硬骨头。虽然梅兰芳著述很多，但却存在诸如版本纷杂、文字差别不一的问题。更重要的是，他仍然有大量的文章访谈、演讲发言、书信函电、诗词题字等散佚于旧时的报刊杂志（尤其是1949年之前），有的甚至从未发表示人，至今仍在很多图书馆、纪念馆或档案室的角落中蒙受灰尘。要想在这些浩如烟海的馆藏文献中找出以梅兰芳署名的文字，其难度之大可想而知。以傅谨先生为首的学术团队，不但坚守学术研究的立场，在文献辑佚的过程中爬梳整理，还原对比，做了大量科学研究的工作；而且，同时也要站在出版者的角度，秉持一种近乎严苛的工匠意识，在从事一项特殊的编辑活动，力图在梅兰芳和研究者们之间搭起一座桥梁。

这种工匠意识具体表现在三个字上——全、准、多。

所谓“全”，是指在团队能力范围内，编者把所能找到的梅兰芳存世文献几乎搜罗殆尽。如第八卷中的梅兰芳书信函电部分，编者共搜集到梅兰芳的信函106件，内容驳杂，涉及演出、外交、医药、公安、税务等众多社会领域。这些信函来源复杂，有的来自国家图书馆、上海档案馆、梅兰芳纪念馆等馆藏机构，有的来自不同时期的报刊、图书等出版物，还有来自拍卖机构和私人收藏的。如四件《致胡适函》便选自耿云志主编的《胡适遗稿及秘藏书信》，《致守田勘弥函》《复褚民谊函》分别来自日本早稻田大学演剧博物馆馆藏和上海档案馆馆藏，《致仲和函》《致茅盾函》分别来自2010年7月24日浙江隆安书画拍卖会拍品和2011年7月10日成都书画玩家拍卖有限责任公司拍品，《寄李世芳》来自1937年8月的《李世芳毕业纪念册》，《致杜月笙函》《致陈毅函》等则来自私人搜藏。

梅兰芳信函之“全”还表现在它收录了最新发现的历史文献。如梅兰芳在1935年12月17日发给苏联林德女士的信函，是厦门大学陈世雄教授在俄罗斯档案馆发现的。陈世雄教授在2015年第2期的《戏剧艺术》上发表了《梅兰芳1935年访苏档案考》一文，文中披露了此函件。此外，陈世雄教授还翻译提供了他在俄罗斯斯坦尼斯拉夫斯基故居博物馆发现的编号为8446的档案。此档案是1937年5月12日梅兰芳发给斯坦尼斯拉夫斯基的，内容是向对方表达赠送《演员的自我修养》一书的谢意。

在编选全集的过程中，对文献的搜集工作一直贯穿始终，直至出版社正式出版前，编者又陆续发现了《迎接戏曲工作会议》、《在上海各界名流欢迎访俄归来茶会上的演说》、《拍了〈生死恨〉以后的感想》三篇文章，马上编入全集。可以说，编选《梅兰芳全集》真正做到了“求全责备”。梅兰芳作为那个时代最具影响力的京剧演员，他肯定还有没被发现的资料存世，所以对编者而言，虽不敢说已穷尽了梅兰芳的所有文献，但就目前来讲，已经做到了最“全”。

所谓“准”，就是在对同一文献的不同版本做还原、对比和注释时，以尽量少加注为原则，一旦加注，就要确保准确无误。而对于原始文献中的错讹之处，则一律加以改正，同时加注说明。如第一卷《〈霸王别姬〉之舞剑》一文，在1936年《戏剧旬刊》连载时所绘插图（7）分剑式与（8）龙行刺参与（11）、（2）两张图片混淆，收录全集时便按照正确位置标示排版，并做注。

所谓“多”，即数据源多。为寻找文献，编者阅读了几乎所有有关梅兰芳的研究论文和论著，足迹遍及美国、日本、北京、上海、南京、济南等，查阅过的图书馆、档案馆和纪念馆20余家，翻阅过的报刊横跨40余年、达50多种，查询过的数据库有《大成老旧期刊全文数据库》《全国报刊索引·晚清、民国期刊全文数据库》《翰堂近代报刊全文数据库》等十余种。此外，编者还经常关注上海朵云轩、北华夏收藏网、孔夫子网等收藏、旧书网站，以便能发现梅兰芳散佚民间的诗词或信函。

《梅兰芳全集》共分十卷卷。前三卷收录的是1919年3月至1961年8月梅兰芳去世之前署名发表的目前我们所能见到的单篇文章253篇，其中也包括部分梅兰芳逝世后发表的遗稿。

第四卷到第六卷，是最能代表梅兰芳艺术思想的《舞台生活四十年》。但与此前版本不同的是，我们对几个不同版本的《舞台生活四十年》进行了对比校释，从而有了版本学的意义和价值。

第七卷为《东游记》和《我的电影生活》。除这两部分外，这一卷还收录了梅兰芳生前未完成的《梅兰芳游俄记》，另外还附录了梅兰芳秘书李斐叔所记《梅兰芳游美日记》的原始稿和整理稿。至此，梅兰芳访演外国的所有文字数据第一次完整地呈现在读者面前。

第八卷收录了梅兰芳的诗词、对联、题词和书信、函电等。最后，我们在王长发、刘华先生编撰的《梅兰芳年谱》基础上，压缩编写了一份简单的梅兰芳年谱，作为附录，仅供参考。

全集的精装本还增加了两卷光盘，囊括了梅先生 1936 年之前灌制的全部唱片，12 张 CD 共 169 面粗纹唱片，包括 42 个剧目，记录了梅先生继承、加工的传统戏和创作新排的个人本戏之精彩片断，是梅先生艺术鼎盛时期演剧活动的缩影。

《梅兰芳全集》的出版是梅兰芳研究乃至整个戏曲研究发展到一定程度的必然结果，其史料价值将在今后的学术研究中日益凸显。对梅兰芳存世文献的完整编纂是一种社会文化行为，是文献资料、编者、读者和社会文化诸种因素相互影响、共同合力的结果。通过对这部全新的《梅兰芳全集》的编选，编者希望透露出梅兰芳所处时代戏曲文化语境的诸多信息，从而清晰地展示梅兰芳不仅作为一个京剧艺术家，亦作为一个时代文化代表的丰富而立体的影像。

坚持与守望

陈奇佳[1]

在日本逛书店，会有一些强烈的感喟。在东京的神保町、小川町周围，坐落着许多老牌子的书店，像松云堂始建于1890年、北沢书店是1902年、一诚堂是1903年、明文堂是1914年、内山书店是1917年（这是有名的专卖中国书的书店）、有文堂是1917年、矢口书店是1918年、一心堂是1919年等，都是百年老店了。这些书店有些生意兴隆，有些门可罗雀，不过店员们的服务水平倒都还有保障。生意好的不至于店大欺客，招呼客人仍然殷勤周到，而生意清淡的则大抵能保持一种日本人所谓“傲娇”的劲头，决不至于过分热情至向客官们兜售货物的田地。正对着东京大学本乡校区赤门，有一家专卖佛教书籍的崇文馆，其中的书定价十分之高，动辄几万円。只有一位上了年纪的老太太端坐于其中。我们在店里挑挑拣拣半个来小时，也没见第二个顾客进来，但老太太神定气闲，客气而坚定地拒绝了我们打折购书的念想。

说起来，日本社会的商业气息肯定是远比中国浓厚的，但他们对文化、对精神追求上的某些“执念”却似乎更有些前工业文明时代的气质。就这一

① 陈奇佳：中国人民大学文学院副院长、教授。

方面来说，这个对中国不算太友好的邻国身上还是有许多值得我们学习的东西的。也许在不太遥远的将来中国经济实力已能赶上或接近日本的水平，但在文化建设和积累的深度与厚度上，我国与它的代差可能还更难追赶一些。

抱着这样的心情，我在欣赏中国戏剧出版社种种贡献时，感动之余，其实每每还有一些讶异：这样的年代，还会有这样的出版社，会为我们奉献《清万寿庆典戏曲档案考》《说李多奎》《清昇平署戏曲人物扮相谱》之类的作品。它们的非市场性很明显啊，有点不合时宜啊。

当然，这于我是气味相投的了。就个人的志趣而言，我偶然涉猎一点“时学”，但更大的兴趣是在悲剧理论、中国叙事传统这些方面。伊格尔顿说，诸如悲剧理论之类，在西方也算是一种“没落的理论”了。自然，按照“时学”的逻辑，再过陈旧的理论，也不难“推陈出新”、“与时俱进”的。但这样与时俱进的东西，又算什么呢？孔子说：“汝为君子儒，无为小人儒。”照我现下个人的口味，到更愿意与时代保持一点距离了。但这是艰难的，不曲学阿世固然难，自觉有意识地拒绝看似无害的现实功利诱惑更难。因此常常羡慕日本文化人有时还能保持的那种恬淡状态。

不过幸而还有一些前辈与同仁，还有像戏剧出版社这样偏离时学已有六十年的文化阵地——也可以说是中国文化精神真正的守望人吧。在翻阅、抚摩它历年的作品时，从建社初年的《中国传统戏曲剧本选集》到《布莱希特论戏剧》再到今天的“中国戏曲艺术大系”等等，我会感觉同道温暖的鼓励和督促，也知道：所有信念和坚持终将不会仅仅是一个无力而苍凉的手势。

静心，而后专注

王松林[①]

在我成长的那个年代，大多数孩子没有闲书可读。我清楚地记得，自己阅读的第一本是漫画书——《三毛流浪记》，张乐平这个名字也是从休息日仍在家忙个不停的父亲那里，不知是有意还是无意的念叨中记住的——上学前的孩子如果想记住什么，可能一辈子也忘不掉吧。那时亲戚很亲，表兄弟姊妹寒暑假总要聚在某家住些时日，临走小主人还要送点小玩意儿给对方，用意有三：前段时间相处很融恰的总结；现在要分开了，依依不舍复杂心情的表达；约定下次再见面的时间（关键是赠予方的叮嘱：下次我还要见到我的小玩意儿）。而我们兄弟能拿出送人的，就只有爸妈节省出给我们买来的书，但稍大些才知道：表哥们对书兴趣不大——每次到他们家里，都没有再见到被送出的那满满两箱子书中的任意一本。

上小学后，识字多了，也就有了阅读的渴望，但物质匮乏的年代，什么都想买是决然没有可能的。于是，每周三下午（放假半天）就会约上班里两三个同学，以各种夸张的姿势蹬上自行车连骑再带去新华书店边的少年之家

① 王松林：中国戏剧出版社营销策划中心主任。

看书，来满足自己的好奇心。但那里书的种类不是很多，每次都先去新华书店看玻璃柜台里或店员身后的书架上来了什么新书，再到少年之家问管理员为什么没有书店里的新书，但每次的得到的回答大致都一样：就这些。

时间真快，快得不可思议，我参加了工作并且有了在当时看来还不错的收入。于是，至少每两周要和秦宇到海淀图书城（主要还是在籍海楼里）转上半天，买一些自己喜爱的书。现在想想，那两年多的光景真是幸福——工作不忙，生活节奏也慢，能有时间看点儿闲书。是机缘巧合，更是刻意为之，1997 年我到图书城昊海楼的书店工作了。近两千平方米的卖场内到处都是书，原打算随自己性子买些空时看看，却终日忙得头昏脑涨。也就是从那时起，我发现自己的心不再向以前那样安静了，周围的亲朋、同事像是商量好的，大家都出奇地忙，彼此要很久才能见一次，生活的节奏变得越来越快。突然理解了崔健这类先知先觉的人，那时错乱、惶恐的复杂状态。

在书店工作的七八年间，我对图书、图书行业有了一点点了解，也使我对书的生产、制作流程产生了浓厚的兴趣。我开始为作一名编辑着手准备了……

2014 年初，我来到了中国戏剧出版社，这是一家有着悠久历史的出版单位，它的前身可追溯到清同治元年的宝文堂书店，及至解放后，它也是成立较早的出版社之一（104 的代码就能说明许多问题），并在当时直至 1990 年代中期的出版领域内颇具影响。田汉、葛一虹等戏剧名家先后在戏剧社任职，奠定了它的办社宗旨、出版方向和其特有的文化气质。

由于有过实践的积累，系统理论化的学习，加之领导、同事热心的帮助，我很快进入了编辑的工作状态。图书出版全流程中无小事，除了出版导向等内容方面有行业的条例、准则外，还有文字、技术性的行业标准、规范的严格要求，很小的马虎、失误都会造成出版事故。这就要求编辑能静下心来，专注于出版这件事上。我发现自己比以前忙了许多，但内心却渐渐安静下来了，我很喜爱并享受这样的工作状态。

作为编辑最大的幸福，于我而言是：做出作者与读者都能认可的图书。当然，这样一条看似简单的标准，做起来却绝非易事——毕竟人们对哈姆雷特有着一千种理解。

《夏衍传》是中国人民大学陈奇佳教授倾多年之研究，翻阅大量资料、文献来展现夏衍这样一位具有传奇色彩的文化名人的著作。陈教授力图从夏衍的作品与他一生的行迹构成互证关系等方面入手，对旧版进行了重大修改——修订版删削了原作十万余字，又另增写了三十余万字，虽曰“修订”，实似新作——文中夹有大量注释，而每条注释援引材料的出处，真实性、客观性都展现了作者深厚、扎实的学术功底与人文素养。面对这样一位学者撰写的我国戏剧史上颇具影响的名人，我深感自己责任之艰巨——当然，这也激发了挑战自我的意识。我和陈教授就书稿中涉及的历史事件、人物、援引的资料等内容进行反复沟通、交流；和社长就内文版式、图片选取、封面设计（出了八次方案才确定风格，到最终定稿共设计了 17 次）及工艺多次商讨；就连一只猫的图片（夏衍一生喜爱养猫是出了名的）的选择、位置的确定、衬页纸颜色和材料的比对，都要和设计人员不断地试效果，最终形成定稿。如此，经过近四个月的编辑加工，《夏衍传》样书出来了，达到了大家比较满意的效果；样书送到报刊、网络等媒体宣传，也得到了他们充分的肯定。

为了纪念《夏衍传》的出版，中国人民大学文学院举办了以“可见的左翼”为主题的学术研讨会，并于会后以纪念文集的形式出版图书，我又成为了《文集》的责任编辑。《文集》中的文章均为上乘之作，自不必多言，但如何在形态上——确切说在封面设计方面，可以准确、高度概括、且具有精神气质而不呆板展现。我给自己出了这道题。我翻读每篇文章，试图从细枝末节中找到线索或灵感，可以为美编提供更准确的设计方向。此间，我和美编设计了几个方案，也还说得过去，但我还是心有不甘，总觉得这些方案还欠些内涵，社长知道我的想法后也鼓励我，让我继续尝试设计出更好的方案。那段时间，我每天在上下班的公交车上思索，用各种组合的关键词在百度中搜索……终于，一幅名为《风云儿女——献给二十世纪三十年代的左翼艺术家们》的油画作品在密密麻麻的缩略图中瞬间吸引住了我：一批正在摄影棚中进行创作的艺术家——暗光中他们各司其职却全神贯注于拍摄对象。这幅画的色调、场景描绘的主题、人物的着装、神态与气质，一下就打动了我。就是它，我对自己说。接下来的工作就是联系油画的作者以取得授权，但事情并不像想的那样顺利。通过搜索我找到作者殷雄先生所在上海油画雕塑院的电话，每天十几个电话通过接线员转接过去都未能联系上，给接线员大爷烦的不得了，但如此一周仍是无果，无奈只得另寻他法。通过作品的链接，我找到了上海某代理公司的电话，表明自己的意图后，负责人许先生愿成人之美促成此事。本以为可以顺利拿到授权了，但由于殷、许二位先生实在太忙，此事被一拖再拖，可《文集》的出版是有明确的时间要求的，主编陈奇佳教授多次电话催我：如授权不成可采用已设计好的封面。为了能让《文集》有更精彩的形象示人，我这边要劝陈教授宽限出版时间并说明理由，那边又要不厌其烦地催许先生。是诚意感动了许先生，电话中他对我的诚意与执着给予了肯定并表达了对此事耽搁抱有的歉意，最后他说：我今天无论如何也要找到殷教授，让他给你们出具授权。授权得到了，虽然比计划的出版时间晚了约四十天，但当把用油画做封面的《文集》样书做出来后，大家普遍给予了肯定，认为封面与内容达到了较高的契合。

中国戏剧出版社成立六十年了，社里决定出版《社庆文集》以示纪念，我有幸参与这本书的整理工作。翻看着离退休老职工们所写的文章，或是追忆出版社艰辛发展的曲折历程、或是思念同事间如兄弟似战友般的真挚友谊、又或是回忆出版工作中烟火气十足的点滴小事……慢慢品读间愈发使我屏气凝神，感动至深。我体会到此间的热情——从那个时代走过来的人对工作充满了我们这代人无法想象的热情——工作是他们的第一需要，几乎是他们生活的全部。他们将一生中最宝贵的时光，专注于自己热爱的事业，倾尽所能付出的能力与精力一以贯之。与他们相比，我们的工作态度与执着精神还是有差距的，这些似乎是那个年代的出版人最基本的自我要求。我想出版社出版《社庆文集》不仅是对一段历史的忠实记录，更是对一种精神、品格的寻找与重塑，出版人不仅要做到传播真知、文化担当，更应是社会阶层中有如脊梁般担负着民族精神的中坚力量。

来到戏剧出版社三年多，所知甚少，所做亦少，但我靠近了你，便能走进你。用这段文字记录我成长中与书的一些琐忆，也用以记录我工作中与戏剧出版社的一段书缘。

忆

肖 楠[①]

从小在京韵京腔的环境中成长，对提笼架鸟的老人口中那咿咿呀呀的腔调我并不陌生，机缘巧合，2001 年我走入中国戏剧出版社，一生荣幸。

在我眼里，艾社长是个很神奇的人物，记得踏入中国戏剧出版社的院门，左手第二间是个大房间，我在那里见到了艾东社长，具体聊了什么还真不记得了，留给我的是他那极具磁性吸引力的声音和踏实感。他开会时总能充满着活力和激情，使得我和小伙伴们热血沸腾，甚至自攒资金去做畅销书，最后赔得一塌糊涂还是艾社长做了我们的坚强后盾，号称练兵。在每一年的图书订货会上，中国戏剧出版社的展位造型独特，一串串长型红灯笼和脸谱造型的角柱彰显着民族风的设计，我最喜欢那时候艾社长围一条红围巾，很帅气地站在中央给大家展示着新书，每一年都至少有一位明星级人物到现场捧场。记得做过书的那几位：濮存昕、郭宝昌、陆毅、蔡国庆、毛阿敏……在我眼里，艾社长具有很强的能力和人脉。举个例子——拆迁，在他的带领下，戏剧界、艺术领域中的重量级大咖纷纷签名声援保护出版社的利益；在他的指

① 肖楠：中国戏剧出版社项目策划中心主任。

挥下，同志们一边坚守着那个独门独院，一边与开发商对薄公堂……

在中国戏剧出版社，总有极具戏剧性的事情发生着。从进入出版社那天起，我就被一位大肚翩翩的萌老头吸引了——龙亭戈。我们总喊他老龙，他形象很萌，大大咧咧的性格很讨喜，见我就喊：“丫头，来啦！”，不时地邀请我们几个小伙伴去他家玩，大家都非常喜欢他。据说他早年在日本就学画画和设计，在计算机机型286、486刚刚兴起的年代，他就开始使用了苹果电脑进行图文设计，也是最早会用苹果软件进行设计的一批人，不得不佩服啊，他可是这批人里年龄最大的，他设计的封面和图文内文在业内小有名气。

这里插一个有趣的事情：某年某月的一天下午，一个操着外地口音的中年人来到出版社的传达室，不管谁问他，他总是那句话：“俺找个人。”

“找谁？”“俺找个人。”

“你找的是谁？”“俺找个人。”

“你找的人名字叫什么？”“俺找个人。”

……

中年人很着急，一头汗水；出版社人也很急，一头雾水。中年人的手指点着一本书，一下一下戳着封面说：“俺找个人。”“俺找个人。”一位老编辑突然想起了什么恍然大悟道：“你是找‘戈人’吧？你是找龙亭戈吧？他的笔名是‘戈人’。”

哈哈。

尊敬的老编辑里我最熟悉的要数我的编辑室主任——方育德，他很聪明很聪明，学识渊博，踏实认真，做事严谨。从他那里我学会了很多东西，编辑业务都靠他一一指点，处理问题、为人处事、与合作伙伴沟通也都是他无保留地传授。他对我们年轻人的帮助极大，在这里我要真诚地说：谢谢，方老师。

提起方老师的学识才能，就不得不提韩慧强老师，我们私下都叫他活字典，文学功底扎实，正史野史如数家珍，经常和老龙、老方为一历史细节进行辩论，他们经常在烟雾缭绕的办公室里颇享斗才之乐。

这些可爱可敬的前辈给中国戏剧出版社留下过辉煌，留下过汗马功劳，留下过欢声笑语。这里，文字和词语是否华丽并不重要，重要的是品味那种感恩之心、喜悦之意及对出版社这个大家庭深深眷念之情。所以，我更喜欢用简单的语言来表达自己内心涌动的情感。

我们出版社踏着荆棘走到了今天迎来了六十岁生日，值得庆祝，值得回忆。

每一份付出都值得铭记

——中国戏剧出版社60周年纪念

王 恬①

2017年是中国戏剧出版社成立60周年的日子，同时也是我进入中国戏剧出版社工作的第十个年头。对于这样一个值得纪念的时刻，难免有些感慨和期许。

在中国人的时间概念里，六十年是一个甲子，是一个完整的纪年单元。在这样的时刻中国人往往都会举行比较隆重的纪念活动。对于中国戏剧出版社来说也不例外。

回首中国戏剧出版社的六十年征程可谓波澜迭起、迂回曲折。

作为新中国最早的几家出版社之一，中国戏剧出版社是一家专业特色十分突出的出版社——主营戏剧类图书。而戏剧社的前几任社长都是戏剧界的大家，为戏剧社的专业出版打下了深厚的理论基础。在新中国成立之后的几十年里，戏剧社在戏剧出版方面取得了卓越的成就，出版了数千种戏剧方面的专业书籍，这些书籍不仅取得了较好的市场效益，更取得了极高的社会效

① 王恬：中国戏剧出版社艺术教育编辑部副主任、副编审。

益。尤其是像《中国京剧史》《中国古典戏曲论著集成》等这样的大部头出版物都成为了业内的顶级学术典籍。

然而人类社会是群居社会，任何人都不可能脱离所处的时代、环境、文化背景独立地存在于世界之中，也不可能完全不受影响地置身于时代的洪流之外。同样，作为一个社会群体，中国戏剧出版社也必然会随着时代的变迁而有命运的启承转折。

在经历了初期大家云集的辉煌和中期平稳运行的安逸之后，戏剧社像我们国家同时代的很多单位、企业一样迎来了改革转企的时刻。而我正是在这一转折时刻进入到中国戏剧出版社工作的。

而正是在这样一段前所未有的旅程中，戏剧社的人员就像是岸边和船上的行人，穿梭来往、进进出出，有人靠岸下船、有人登船同行也是几经轮换、几度更迭。尽管进出这条船的人很多，有人停留很短也有人停留很长，但在这条起伏不定的航船上，应该说每一个人都为这条航船的前行付出过艰辛的努力。每一个人都是戏剧社改革航行的力量和信心的源泉。作为船上的一员，无论是从基层的服务人员到一线的编校人员再到领导的决策人员，都是处在同一条正漂泊、搏击在风浪中的航船上，并且都面临着同样的困难和艰辛。在共同克服这种种的艰辛和困难中，每一个人都曾付出艰苦的努力和真诚的热情，同时也都面临过许多艰难的抉择和灵魂最深处的诘问。尽管这一切面对起来都不容易，尽管这会面对太多的美与丑、欢与悲以及人性中明暗斑驳的影像，但这些都没法改变所有这些人都在戏剧社历史上最坎坷的岁月中，曾经有过同舟共济的难忘岁月，曾经有过真实地共同奋斗过的艰苦历程。

在经历了十年的改革之后，戏剧社并不能说是真正地完成了改革转企的历程。对于戏剧社而言，改革还在路上，奋斗仍将继续，云帆还要远航。而对于这十年来戏剧社的改革成效的评价恐怕也要经过一段时间的沉淀才能得出公正的结论。

但是，尽管功过还需后人评说。我想，对于所有经历过戏剧社这十年改革的人来说，或是对于戏剧社本身来说，就像是戏剧社曾经的辉煌和成就一样，在这十年的历程中，戏剧社每个人的每一份付出都值得我们深深地铭记。因为，不管这十年取得的成绩如何，至少她见证了我们的时代、见证了我们的人生，同时也见证了六十年戏剧社的沧桑历程。

一份坚守
——中国戏剧出版社六十年社庆随笔

赵宇欣[①]

几上青茗冉冉香，书卷琴台伊人望。端起桌上的茶杯，初时涩，而后味重，最美的时候，竟然是淡了，隐隐透着甘甜。仿佛我在中国戏剧出版社的这几年。细算起来，我进入中国戏剧出版社已经三个年头了。相比于中国戏剧出版社悠久的六十年历史而言，这不过是白驹过隙般短暂。但对于我，却是人生中重要而不可替代的三年。

我是由记者转行做编辑的，从天南海北的四处寻访到朝九晚五的打卡坐班，是需要适应的。彼时，我日复一日乘着早高峰地铁跨越半个北京试图在限定时间内抵达单位，心是焦虑的，却又是坚强的。在北京，依靠地铁出行人，都对早晚高峰有着透彻心扉的领悟，而在人潮最拥挤的时候，在地铁上守住自己的一片位置则成了颇为值得骄傲的时刻。这里是北京，人们都在为拥有自己的一方空间而努力。一如传统图书出版业在科技高速发展的今天依旧坚守一方，依旧激流勇进。我告诉着自己，并用行动据理力争。

① 赵宇欣：中国戏剧出版社编辑。

微信公众平台是我入职中国戏剧出版社后最先负责的工作。关于出版社开通微信公众平台的想法，我是打心眼儿里认同的。于是一次次的内容调研、数据分析和一篇篇的原创文章便成为了工作的重心。在传统图书受到互联网冲击的背景下，能够调整姿态试图去寻找当今时代文化的脉搏，对于一个拥有厚重历史底蕴的出版社来说，是颇为难能可贵的。这也更坚定了我要将它做成出版社互联网时代戏剧领域最响亮的名片的决心。申请、准备材料、通过认证、正式运营，就这样一步一步从无到有，中国戏剧出版社微信公众平台就这样在全社人的悉心关怀下诞生了。虽然现在因为工作需要，我已不再具体经手微信公众平台的运营事宜，但每每看着已经稳定下来的微信公众平台被更多人阅读、关注和转发，心中仍会有种看见孩子日渐成长的喜悦。

对于中国戏剧出版社和中国戏剧的了解也就此在工作中更加深入地展开了。我手上的工作也渐渐回归到了传统的图书。在做许多关于中国地方戏曲项目时，我时常会浮现出一种敬畏感，因为所面对的作者或叙述者，大都是上了年纪的人，所谈论的书稿内容，也总是带有历史感和地域文化色彩。每每这时，“时代”这个本来虚无缥缈的概念就忽然在脑海里清晰起来，分毫毕现。对于这些不同时代中的人、事、文化，最可怕的便是遗忘，是无人问津，仿佛连在这世上存在过的痕迹也会渐渐淡去。这虽是自然的无情之处，但却不应成为现代人习以为常的生活节奏。我不敢想太多，只是在心里萌生了一股想要把历史、文化、艺术和那些有建树的思想保存下来的决心，却又夹杂着仿佛是在拯救自己人生般的惶恐。我崇敬，六十年风雨，中国戏剧出版社自田汉先生创办以来，历代的社长和编辑同仁们都一直致力于此；我也同时感激，自己有幸在现任社长的领导下感受文字、图书的力量以及出版社多年的坚守与信仰。

我自认为运气还算不错，在我对未来还把握不定时，我来到了中国戏剧出版社。在这里每一个年轻人都怀揣着梦想并努力着，可是在庞大的图景和迫切愿望的挤压下，我们很容易焦虑，好在社里的领导也总是耐心帮助与指点，让我在向目标竭力前行时，没有忘记坚守，志存高远，脚踏实地。就如同地铁上据守一方天地的身影。三年时间里，我为很多即将遗失的文化烙下了痕迹，帮助了一些怀揣文学梦想的人梦想成真。我自己也亲身经历了中国戏剧出版社成功转企，参与了出版社依托资源多形态发展的项目策划，同时也跟随着出版社从紫竹院搬迁到了天宁寺新址。回忆起来，一千多个日夜，变化太多，但依旧不变的，是一份坚守，那不仅是上班途中地铁上一个坚守的角落，还是六十年来，中国戏剧出版社始终坚守的信仰、责任与精神。

最后，祝中国戏剧出版社生日快乐！